WIZARD

素晴らしき デフレの世界

インフレの正体とゼロ金利がもたらす新しい社会

THE INFLATION MYTH AND THE WONDERFUL WORLD OF DEFLATION

[illegible] [著]

長岡半太郎 [監修] [illegible]玄 [訳]

Pan Rolling

日本語版に寄せて

本書は長きにわたり世界を覆っているデフレ（デフレーション）について執筆したものだが、それは現在の日本にはっきりと見て取れる現象である。経済学の領域において、日本は特異な国であり、最も高名な経済学者たちによる予想やモデルを裏切ることが多いようだが、それゆえ彼らの多くは恥をかくことを恐れて、日本経済の動きを説明しようとすることとすらしない。例えば、日本は長年にわたりインフレ（インフレーション）を経験しておらず、デフレがずっと続いている。これは日本をして世界のほかの国々から際立たせている、極めて特異な現象だと考えられている。有名な経済学者たちの常識を前提とすれば、日本は危うい道をさまよっていると思われるので、デフレを取り除き、インフレを起こすべく努力しなければならない、さもなければ「悲惨な結末」に苦しむことになる、となるわけだ。

二〇一八年後半、とあるコメンテーターが日本の「デフレモンスター」について言及した。その年の第2四半期のＧＤＰ（国内総生産）が二・五％という予想をはるかに上回る四％の成長を示したという事実があるにもかかわらず、である。時を同じくして、日本の有名大学の教授は労働力不足が日本経済の大きな悩みの種になるだろうと発言した。どうしてそれが問題になるのだろうか。国民が容易に職を見つけ、また容易に賃金の引き上げ交渉ができるようになるという意味ではないのだろうか。だが、賃金の上昇が見られないことを嘆き、インフレを引き起こすためには賃金上昇が欠かせないと述べるコメンテーターもいた。彼らはまた、インフレを高める手段として金利を引き上げることを求めてもいた。だが、金利の上昇がどうして企業や国民のためになるのだろうか。この背景には多くの誤解があり、これらの議論は論理的思考を欠き、最も重要なことに日本国民、とりわけ年金や貯蓄で暮らす人々の幸福に重きが置かれていないことは明らかだ。また、実のところデフレは良いもので、進歩の兆しであると考えている者はまったく存在しないようである。実に、日本で起きていることは世界のほかの国々でも起きていることだという事実はいまだ認識されていないのだ。

デフレは危険なものであるという信念は日本政府の最高位にある人々にまで浸透している。その結果として、あらゆる手段を講じてもインフレを引き起こそうとする政策を遂行し、デフレに苦しむ悲惨な将来とやらから国家を救おうというのだ。それゆえ、二〇一八年末時点でも、日本の中央銀行である日本銀行はゼロ金利政策を推し進めている。また、世界で最も積極的かつ長期間にわたるＱＥ（量的緩和）政策に乗り出した結果、二〇一七年末時点で発行済み日本国債の実に四六％をも保有することになった。巨額の財政赤字を賄おうとする日本政府の努力を支えようとしたことで、ＧＤＰに対する国債の比率はおよそ二五〇％にまで増大したが、おそらくこれは世界で最も高い水準であろう。

日銀は、国債の引き受けに加え、日本人が現金による貯蓄からリスク資産、とりわけ株式へと向かうことを奨励するために、株式を買い上げる政策を実行に移したが、それによって彼らがＥＴＦ（上場投資信託）を買い始めた二〇一一年には株式市場を支えることになった。二〇一八年末までに日銀はおよそ二〇兆円（二〇〇〇億ドル）相当の日本株を取得し、その後も継続して買い付けを行っている。この金額は五兆六七〇〇億ドルという東京市場の時価総額に比べればわずかなものにすぎないが、日経２２５という狭い範囲を対象とした指数に連動するＥＴＦばかりを買い付けるので、市場にインパクトを与えることになった。それゆえ、日銀がＥＴＦを買い付けると、日経２２５を構成する銘柄が上昇することになるのだが、彼らが買い付けなければ下落する傾向にあったのだ。さらに、アルゴリズム取引や高頻度取引を行う者たちが日銀による買い付けパターンを把握していたので、それが市場の動きを助長することになった。

日本で起きているこのようなデフレは、生産性が劇的に向上した結果、収入に対して費用の比率が低下するという一般的なトレンドを反映したものであることを理解すれば、このような展開もよく理解できるだろう。この生産性の向上は日本が開発したテクノロジーに負うところが大きいのだ。われわれは、今後もこの有意義な展開が続くものと期待している。

監修者まえがき

本書は新興国市場投資家のさきがけであるマーク・モビアスの著した〝The Inflation Myth and The Wonderful World of Deflation〟の邦訳である。本書のテーマはインフレならびにデフレであるが、ほとんどの記述はインフレに割かれており、インフレが私たちの社会に与える影響の歴史や、その測定および管理の難しさが述べられている。これは私たち人類が近代において長らくインフレを体験してきたことを考えれば当然のことだろう。

だが、いま現在の読者の多くはデフレのほうに関心があるのではないだろうか。一般にデフレについては否定的な意見を持つ識者が多いと思うが、著者は「第9章　素晴らしきデフレの世界」で詳しくこれを論じ、そもそもデフレは現代の生産性の向上やテクノロジーの進化の影響下においては必然的に起こりえるものであること、そしてそれは一般の人々にとって必ずしも悪いものではないことを示唆している。確かに、供給が容易になれば需要をすべて補ったうえで価格はさらに下がるだろう。現に近年においては同じ質の製品やサービスの価格が以前よりも下落し、人々の生活は向上している。

一方で、デフレに関連した重要な論点はいわゆるゼロ金利にある。中央銀行による長期にわたる超低金利政策は、インフレの時代とは異なった世界をもたらす。おりしも二〇二〇年のコロナウイルスの影響による世界規模の混乱によって、アメリカを含む世界各国の中央銀行は金利を上げることが極めて難しくなった。

これからは全世界で超低金利の時代が長く続くだろう。これを投資の観点から見ると、デフレ下にあっても容易に供給が増やせない資産、つまり実体経済に近いレジデンスやロジスティクスの不動産、港湾や発電所といったインフラストラクチャー、森林資源、プライベートエクイティ、そして航空機や自動車などのリース債権といった流動性の低いアセットクラスが選好されることになるだろう。そして、既存の投資対象である上場株式やソブリン債券といった流動性の高いアセットクラスでは、アルファ（超過収益）の獲得が難しくなりベータだけで満足せざるを得なくなるだろう。つまり、機関投資家にとっては非常に厳しい未来が待っていることになる。

二〇二〇年三月

長岡半太郎

目次

第1章　序論

本書はすべての者にとって重要であり、おおいに議論されるべき問題に答えるためのものである。つまり、インフレだ。

次の考えを記しておきたいと思う。

第一に、インフレという概念は神話であり、伝説であり、おとぎ話であり、言うならばウソなのだが、それにはいくつかの理由がある。通貨単位で示される財やサービスの、ある時点における価格が上昇することもあるが、そのような価格は異なる場所で、異なるときに、異なる人々に向けて示されるものである。

第二に、世界中の政府がインフレ指数に強い関心を抱いているが、それは物価の上昇が有権者に政治的な反発を引き起こさせてしまうからだ。自ら消費している財やサービスの価格に対する国民の認識によって政府に対する支持が高まったり、下落したりすることが多いのだ。それゆえ、政府はインフレを熱心に測定し、そうすることで問題を単純かつ一般的なものにしようとするのである。

第三に、インフレの測定には重大な欠点がある。それは、世界中の財やサービスの価格に関する情報を集める仕事熱心な人々が無能だとか、不誠実だからというのではなく、価格は時々刻々と変化するのだから、彼らは動く標的を狙っているばかりか、彼らが追いかけている財やサービスの本質が絶えず変化しているからである。

国民すべての消費動向を反映した、数多くの価格を包含するような指数を簡潔に構築しようとしても、それは報われない仕事であり、不完全なものに終わる運命なのだ。

第四に、価格変化の測定に用いられる尺度である通貨は、それを発行したあらゆる権力によって減価されてきた歴史がある。多くの形態の通貨が用いられてきたわけだが、金貨、銀貨、スズや銅のコイン、貝殻、紙幣などあらゆる通貨が減価の結果として放棄されてきた。通貨は人間が生み出したものであり、それゆえ人間によって質を高められもすれば、下げられもし、その価値は市場が考えているよりも高くなったり、低くなったりするのである。つまり、ある日の一単位当たりの通貨は、別の日にそれを取引する者には異なる価値を持つものとなるのだ。

第五に、生活コストが急激に上昇しているように見えると、有権者たちは不満を覚えるため、世界中の政府はインフレに多くの関心を抱いている。それゆえ、各国政府はインフレの測定に多くの資源を当てるばかりか、国民がインフレの数値が示していることに気づかないように、さまざまな財やサービスに価格統制を敷いたり、さらには統計数値を改竄するなど、数値のコントロールに全力を挙げるのだ。

最後に、最も重要なことだが、収入や消費者の購買力は絶えず変化するものであり、それゆえ、歴史的にも収入は物価の上昇に連動する傾向にある。この現象によって、インフレが発生していたり、さらにはインフレ・スパイラルが起きているように見えるときでも、消費者の収益力という点からすれば、財やサービスは安くなっているのだ。実のところ、われわれはデフレ・スパイラルにあるのであって、このデフレ現象はいまもずっと続いているのである。

第2章 歴史とインフレ

二〇〇七年、アルゼンチンの統計局であるＩＮＤＥＣ（国家統計センサス局）の消費者物価局長が、インフレの統計数値を改竄することを拒んで、クリスティーナ・フェルナンデス・デ・キルチネル率いる政府の不興を買って解任されたことで、インフレに対する私の関心は高まった。ＩＭＦ（国際通貨基金）がアルゼンチンに関するリポートを理事会に提出したことで、同国がＩＭＦから非難を受け、追放されかねないとなったことから世界的事件ともなった。アルゼンチンの公式データではインフレは一〇％と報告されていたが、九つの民間機関による独立したデータでは、インフレは実にその二倍以上の二五～三〇％とされた。物価の高騰を受けて、統計数値を低く維持し、大衆を欺こうとしたアルゼンチン政府の企ては、キルチネル政権に対する大規模な抗議行動につながった。アルゼンチンが信頼に足る統計数値を発表しなければ、「レッドカード」を出すことになるとＩＭＦのクリスティーヌ・ラガルド専務理事が述べたことに対し、キルチネルは国連総会で次のように述べた。「アルゼンチンはサッカーチームではありません。独立した国家であり、いかなる脅しも圧力も受け入れることはありません……サッカーと政治経済とを比較するなら、FIFA（国際サッカー連盟）の会長のほうが、IMF理事会よりもはるかにうまくやっていると言えるでしょう」[1]（もちろん、これはFIFA理事会に蔓延した汚職が摘発される以前のことである）。二〇〇七年、キルチネル政権は、INDECの消費者物価局長であったグラシエラ・ベバッカを解任しただけでなく、彼女を横領のかどで告発、罰金を科したのだ。ベバッカは、彼女の上司たちがインフレの計算から小数点以下を切り捨てるよう要求したのだと声高に主張した。アメリカ統計学会は自分たちの仲間がアルゼンチンで直面している迫害に抗議したが、無駄であった。ベバッカは解任された。この件は後ほど取り上げる。

インフレという歴史

「歴史とはインフレの歴史と言っても過言ではないと思う」[2]。経済学者のフリードリヒ・

ハイエクはかつてこう記した。一九二〇年代初頭のドイツ・ワイマール共和国におけるハイパーインフレ、一九八九年のベルリンの壁崩壊に続く東ヨーロッパのインフレ、一九七〇年代の欧米諸国におけるスタグフレーション、一九六〇年代に奇跡的な経済復興を遂げたあとの日本を襲ったインフレなど、物価上昇は世界中で目にすることができる。「インフレ」「デフレ」「ハイパーインフレ」などに関する情報が広がった結果や、それが政府だけでなく事業や投資の意思決定に与えた影響に目を向けることが大切である。われわれは、インフレまたはデフレの統計に関する情報が与えるインパクト、そしてそれがどのようにミスリードとなり得るのかを把握したいのだ。

インフレ統計の重要性

一八世紀初頭に最初の物価指数が導入されて以降、インフレの測定とその上昇を抑えようとする試みは否応なくその重要性を増してきた。第二次世界大戦後は、完全雇用が経済政策の主要な目標のひとつと考えられてきた。その後、過去四〇年にわたり、物価の安定が政府ならびに中央銀行の主たる目標となった。インフレの恐怖を「追いはぎのように乱暴で、武装した強盗のように恐ろしく、ヒットマンのように致命的」[3]と説明したのは一九八〇年代のロナルド・レーガン米大統領である。一九九一年、イギリスのノーマン・ラモント財務大臣は、現代の政府の優先事項を示すにあたり、下院で次のように述べた。「インフレを抑えるためには、失業率の上昇とリセッションという犠牲を強いられることになる。だが、この犠牲にはそれだけの価値がある。インフレを抑えることに集中することが金融政策の肝であることに変わりはない」[4]

世界中の中央銀行は、インフレを定められた水準に維持することを求められている。例えば、毎年、イギリスでは、財務大臣がイングランド銀行総裁に書面を提出し、インフレの目標値を定めている。もしインフレがこの目標値から一％以上乖離したら、総裁は財務大臣に書面を提出し、なぜ目標値を達成できなかったか、そして中央銀行は状況を是正するためにいかなる方策を取るつもりなのかを説明しなければならないのだ。

もちろん、物価の安定は政府だけの問題ではない。投資家にとって、インフレ率に関する情報は、資金をどこに振り向けるかを決めるうえでかなり重要である。インフレの水準が高まれば、金利や投下投資利益率（ＲＯＩ。投資利益率）がそれに歩調を合わせないかぎり、貯蓄や投資の価値は低減してしまうからである。これは、銀行口座にある貯蓄から年金基金の投資先に至るまで、あらゆる者たちに影響を与えるのだ。

長いひつぎ

イングランド銀行には小さな中庭があるが、これは現職の総裁が管理している。元来この中庭は墓地だったのだ。中央銀行は一七三四年にスレッドニードル通りに移転したが、すぐに隣接する教会の敷地まで拡張された。教会の敷地は返還され、建物は取り壊されてしまったが、墓地はそのままにすることに決まったのである。一九二〇年代から三〇年代になって中央銀行が建物を再建しなければならなくなったとき、庭園を掘り返すと幾つかのひつぎが出てきたが、そのうちの一つがウィリアム・ジェンキンスのものであった。一七〇〇年代後半に銀行で働いていたジェンキンスは、身長が二メートルもあり、彼の遺体が盗まれ、売却されることを心配した友人たちが中庭に埋葬していたのだ。ジェンキンスのひつぎはあまりに大きく、ナンヘッド墓地に移されたとき、埋葬するには長すぎたので、カタコンベ（地下墓所）に安置しなければならなかった。

さて、再生された中庭に話を戻すと、リノベーションの一環として中庭には桑の木が植えられた。この木が選ばれた理由は二つある。一つは、桑の木の根は地下にまっすぐ伸びるのではなく、水平に広がって発育するという現実的な理由である。なぜなら中庭の真下にはイングランド銀行の金塊保管室（およそ四〇万本の金の延べ棒が保管されている）があったからだ。二つ目の理由は、少しばかり象徴的だが、桑の木がお金の歴史において果たしてきた役割にある。七世紀の中国では、桑の木の皮が初期の紙幣の原料となっていたのだ。ことわざでは金のなる木はないと言われるが、古代の中国にはそれが存在しており、すぐにインフレが起こったのだ。

マルコ・ポーロとお金

一二七一年、冒険家のマルコ・ポーロは、クビライ（もしくはフビライ・ハーンとして知られている）の邸宅に赴くが、その年、クビライは元帝国を創設し、中華帝国の皇帝となった。上都にあったクビライの邸宅に到着するまでに、マルコ・ポーロの旅はすでに四年の歳月を費やしていたが、その後も何の問題もなかったわけではない。一二七三年のクビライの軍隊による襄陽の街の攻略はマルコ・ポーロが巻き込まれたエピソードのひとつである。旅のすべてとクビライの邸宅の印象は『東方見聞録』として一冊の本にまとめられ、フランス語で伝統的に『ル・リーブル・デ・メルベイユ（Le Livre des Merveilles）』と呼ばれるが、英語版はより簡潔に『ザ・トラベルズ（The Travels）[5]』として知られている。

マルコ・ポーロが驚いた多くの事柄の一つが、元が紙幣を用いていたことである。彼はこう記している。「皇帝の造幣局がこの大都の街にある。それを見ると、彼は錬金術を習得しているかのようだ」。マルコ・ポーロは、大カーンが見事に紙幣を作る様を詳細に伝えている。「木から表皮をはぐ、正確に記せば、かいこが葉を食べる桑の木の皮をはぐ。そして、木と皮の間にある靭皮繊維の薄い膜をはがすのだ。それを細かく粉砕すると、糊を混ぜてコットン紙のようなシートに圧縮するのだが、これが真っ黒なのだ。このシートが準備できると、さまざまなサイズの、縦長な長方形に切り分けられる。それが、まるで純金や銀から作られているかのような威厳をもって行われるのだ……すべてが正確に行われると、皇帝から委任された役人の長が、委託されている印に朱肉をつけ、紙幣に押していく。すると朱色の印があざやかに残るのだが、これで紙幣は法定通貨となるのだ」

マルコ・ポーロが紙幣に熱狂したことが、中国がお金の進化という点において西欧よりもはるかに進んでいたことの証明である。というのも、ヨーロッパで紙幣が利用され始めるのは一七世紀になってからのことだ。だが、マルコ・ポーロが驚いたそれも、中国では別段新しいものではなかった。実際に、紙幣というコンセプトは数百年も前、六一八年から九〇七年に至る唐の時代にさかのぼるものだった。当時、商人や政府の役人たちがある都市から別の都市へとお金を運ぶために、布に印刷された為替手形が用いられていた。紙幣は「飛銭」と呼ばれていたのだが、これは硬貨や金（ゴールド）がなくともお金が「飛び」戻ってくることが可能であったことがその理由である。

だが、このアイデアが発明されてまもなく、インフレがあとを追うように姿を現した。一〇二三年、硬貨に転換できるという条件で公式の交子または為替証書が導入された。だが、戦争によって財政が圧迫された結果、交子の発行量が増大する。硬貨に相当するはずだった紙幣の価値を下げたことで、インフレが急上昇する結果となった。そして、一一〇七年には交子の総量は発行当初に比べて二〇倍にもなったのである。その結果、紙幣は最終的に廃止となり、新たな紙幣に取って代わられた。さらには、物価の高騰を抑えるため、紙幣を追加発行するためには、その裏付けとなる硬貨が一定の割合で増大しなければならないものとされたのである。

一一六〇年代になると、新たに支配を固めた南宋がさらなる規制を導入する。つまり、すべての紙幣は三年ごとに償還され、銅銭に交換されなければならない、としたのである。ここでもまた、軍事行動の資金を賄うために規制が緩和され、紙幣の発行量が再び増大したことでこの制度は潰れてしまう。マルコ・ポーロが訪れたころには、新王朝の元が法定紙幣を発行していたが、これには銀への兌換が保証されていた。また新しい通貨の利用を強制するために、交易に硬貨を用いることが禁じられもした。

金貨と銀貨

しばらくの間、少なくともマルコ・ポーロが滞在している間はこの制度は機能した。だが、モンゴル帝国が拡大するにつれ、金融の規則が必ずしも守られるとは限らず、金貨や銀貨が再び利用される地域もあった。過去の王朝と同じように、軍事行動の資金を賄うために追加の紙幣が発行されたことが、体制の終焉の前触れとなった。元のあとを継いだ明は一三六八年に支配を確立したが、その後、一七世紀半ばまで二七七年にわたり中国を支配することになる。皇帝となった朱元璋の治世では、まず法定通貨を硬貨に戻した。一三六一年、皇帝に即位するに先立って、彼は新たに銅貨の鋳造所を立ち上げるよう命令した。そして、銅が十分に供給されなくなった一三七五年まで硬貨が唯一の通貨となったが、その後、紙幣が復活することになる。だが、硬貨の流通はその世紀の末まで続き、その流通が無事停止されたのは明の三代皇帝永楽の時代になってからである。中国の過去の支配者たちのことを考えれば驚くに値しないが、この決定は軍事活動の資金調達に関係していた。

朱元璋と永楽帝の治世では、紙幣の利用によって物価は一貫して上昇することになる。賀力平の『ハイパーインフレション（Hyperinflation : A World History）』で説明されているとおり、コメの価格はこの五〇年間で年六・六％上昇（二五倍の上昇）し、紙幣が唯一の通貨となった永楽期には年一一％上昇（この間に三〇倍の上昇）した。コメばかりでなく、金、銀、銅や穀物の価格も大きく上昇した。その結果、一四三五年には紙幣が廃止されることになる。その後の明王朝期を通じて、銅貨が再び鋳造されることになった。また、銀の流通も増大し、政府は国民が地租を銀で支払うことを認めもした。世界のほかの地域との交易も増大し、ここでも銀が支払いに充てられた。

明がその後、紙幣に回帰しなかったばかりか、その後継である清も二〇〇余年に及ぶ統治期間のほとんどを通じて紙幣制度を回避した。これには二度の例外があり、一六五一～

一六六一年、一八五三〜一八六一年は、ともに軍事行動の資金を賄うことが目的であった。後者では、咸豊帝は両替所の制度を立ち上げることで過去の失敗に打ち勝とうとした。これは、紙幣を持つ人々はそれを銀証書と交換でき、銀証書は銀貨または銅貨に兌換が可能という仕組みである。理論上、この兌換性によって紙幣の価値が定まり、人々からの信用が高まるはずであった。だが、実際には、両替所は硬貨または銀証書を額面どおりに提供することはせず、交換するためには大幅なディスカウントが求められたのである。

今日、明代の紙幣は歴史的工芸品であり、大英博物館にも展示されているが、BBCのア・ヒストリー・オブ・ザ・ワールド・イン・100・オブジェクツでも取り上げられた。大英博物館に展示されている紙幣は硬貨一〇〇〇個分の価値があるのだが、相当する硬貨の数が記されるデザインとなっている。実際問題として、明らかにこれは大きな進歩であった。つまり、この紙幣一枚が三キロまたは一・五メートルの銅貨と等価なわけだ（当時の中国の硬貨は真ん中に穴が開いており、一本の紐でくくることができたのだが、この場合はかなり長い紐となる）。だが、それもあくまで理屈のうえでは、という話にすぎなかった。紙幣が導入された一五年後、この額面が一〇〇〇の紙幣にはたった硬貨二五〇個分の価値しかなかった。当時の紙幣には「いかなる場合でも紙幣を提示すれば銅貨が払い出され、紙幣を発行する際には銅貨が払い込まれる」とされていたのだが、政府がより多くの紙幣を刷るよう強要したことで、機能しなくなってしまったのだ。紙幣は「永遠に流通する」ものと言われるが、失敗に終わった制度でもあることを歴史が教えている。

お金と信用

イングランド銀行の元総裁であるマービン・キングはＢＢＣのテレビ番組のインタビューに答えて、「お金は他人を信頼できるかどうかという問題を解決するために発明されたものだが、今ではお金を発行した者を信頼できるかどうか、という問題になっている」と述べた。紙幣は本質的に欠陥のある制度かと問われたキングは慎重に言葉を選んで、「四年前、つまり金融危機以前にその質問を受けたら、『そんなことはない、われわれはすでに紙幣の管理方法を考案しているのだ』と答えたであろう。金融危機を受けて、われわれはもう少し慎重であるべきであろう」と言った。そして、フランス革命について問われた者（おそらく中国の偉人である周恩来）の答えを引き合いに出し、「答えを出すには早すぎる」と彼は答えた。

おそらく紙幣については、その誕生から七〇〇年たった今でも、答えを出すには早すぎるのかもしれない。紙幣とインフレという問題はさらに答えるのが容易ではないのかもしれないが、はっきり言って、長期にわたり価値を維持できた通貨は存在しないのだ。これは、あらゆるたぐいの政府が必要な際（場合によっては欲ゆえに）にはマネーサプライを増大させるという誘惑に抗うことができないという事実に裏打ちされている。ここでは、最初に紙幣を開発した中国を例に取ったが、同じような状況はあらゆる経済で目にすることができるのだ。

オーストリア学派の経済学者フランツ・ピックは長年にわたり世界中の通貨について研究した。私は彼が作成した世界中の通貨に関する情報を網羅した通貨年鑑をもらったことがある。彼は人生を通じて通貨の研究を続けているのだ。彼こそが「価値を維持できる通貨は存在しない」と言った人物であり、金（ゴールド）こそが最良の通貨だと確信していたのだ。というのも、彼の経験と研究によれば、金のような特定のコモディティによる裏付けがなければ、政府は常に通貨を減価させようとするからである。

減価の衝動

マネーサプライを増大させようとする政府の衝動は、紙幣が発明される以前から存在する。硬貨制度は紀元前八世紀ごろ、小アジア（現在のトルコ）のリディアにまでさかのぼる。この地では、豊富な金（ゴールド）と冶金技術の発達によって共通の金貨による制度が生み出された。地金よりも硬貨のほうが実用性に優れていたため、その後数世紀にわたって広く用いられるようになった。だが、硬貨が一般に用いられるようになると、まもなく政府はさまざまな手段を通じて通貨を操作し、自分たちの利益を確保しようとする。当初の純金の金貨や銀貨ではなく、政府は貴金属の含有量を下げるよう命じたり、ほかの金属と混ぜて減価させたり、重量を軽くさせたりしたのだ。

紀元前四世紀、シシリア島のギリシャの植民地シュラクサイを支配したディオニュシオス一世は、すべてのドラクマ通貨を打ち直すことで増大する債務に対応する方法を思いついた。彼はすべての硬貨を拠出するよう命令し、すべてのドラクマに二倍の価値の刻印を打ち直した（そうすることで自らの債務を一気に半分にした）のだ。さらに彼はスズの硬貨にも手をつけ、それらは銀貨と同じ価値があると主張したのである。

ディオニュシオス一世の取った行動は、支配者が自らの利害のためにマネーサプライを増大させた最古の例の一つである。中国に話を戻すと、前漢の第一三代皇帝王莽（歴史の見方によっては新王朝の創設者でもある）の短い治世は彼が行った経済改革がその特色である。王莽が皇帝になったのは紀元四年だが、それ以前にも、本来の皇帝である平帝が幼い子供だったことから、二年間にわたり事実上の皇帝として振る舞っていた。王莽はその地位を利用し、自ら皇帝へと成り上がったのである。王莽の治世は短い（彼は紀元二三年に死んだ）が、彼は即座に金融の大改革に乗り出した。治世の前半で彼は金（ゴールド）を国有化し、新たな硬貨と引き換えに人々に金（ゴールド）を拠出させた。私的な硬貨はすべて禁止とされ、それを用いた者は実刑とされたのだ。その後、そのような硬貨をだれかが利用していることを知りながらも通報しなかった者までが投獄されることになった（これらの規則によって、一〇万人もの人々が投獄された）。

王莽の硬貨について言えば、これらの新しい硬貨は以前のそれに比べて著しく減価していた。金の含有量からすると、およそ半分の価値しかなかったのだ。これに加え、王莽による制度下での硬貨の種類は不可解なまで複雑であった。全部で二八もの単位があったのだ。賀力平の説明によれば、王莽の政治的立場は裕福な貴族たちにかかる費用のうえに成り立っていたので、このような行動は債務の削減とはほとんど関係がなかったという。だが、彼が通貨の改革に成功していたとしても、すぐにインフレが出来し、現存する当時の資料からは、コメの値段は一年で四倍にもなったことが推測される。また、王莽の懸命の努力にもかかわらず、彼の臣下たちは公式通貨の利用をやめ、金（ゴールド）や前の政権の硬貨に回帰してしまったのだ。

ローマの減価

最も長きにわたり硬貨の減価が行われた体制の一つに、ローマ帝国がある。アウグストゥスが初めてアウレウス金貨とデナリウス銀貨を鋳造させて以降、その後を継いだ皇帝たちが通貨の減価に舵を切ったことで、やがてはまったくの無価値となってしまった。紀元一世紀に初めてこのプロセスに手をつけたのがネロであり、卑金属の含有量を一〇％まで増やし、同時にコインの重量を引き下げたのだ。その後、同世紀のトラヤヌス帝はデナリウスに含まれる銀の量をさらに減少させた。このプロセスはアントニニアヌスの治世でも継続され、デナリウスの銀含有量はたった五％にまで引き下げられた。一世紀後、ガッリエヌス帝が銀の含有量をさらに減らしたため、デナリウスに含まれる銀の量はアウグストゥス時代の五〇〇〇分の一となってしまった。ガッリエヌスのあとの皇帝アウレニアヌスは、これ以上銀の含有量を減らすことができなくなったため、新しい硬貨の額面を二・五倍にした。これによって二つの効果がもたらされた。まず、人々は硬貨の差し替えによってその価値が低下することを知っていたので、以前の硬貨、とりわけ金貨を保持した。次に、ローマ帝国は強烈なインフレに見舞われた。王莽による硬貨の減価がコメの価格上昇を招いたのとまったく同じように、ローマによる減価によって小麦価格が高騰し、例えば、エジプトでは一世紀から三世紀の間に小麦価格は三二倍、その後の三〇年間で四四倍に上昇したが、その後の一〇年では年二四％も高騰してしまった。兵士たちは現金ではなく、食糧や衣服で報酬を得ていたので、実質賃金は低下した。これが唯一の理由ではないが、経済運営の失敗がローマ帝国崩壊の一因であった。

イギリスの減価

一〇〇〇年以上が経過したあと、同じ過ちが繰り返されたが、今回は一五〇九年から一五四七年までイングランド王を務めたヘンリー八世によるものである。彼の治世の後半、財政問題がきっかけとなり通貨の減価が決定された。まずは一五三六年にアイルランドで行われ、貴金属の含有量が以前の硬貨の九〇％しかない銀貨が鋳造された。この最初の減価が比較的注目を集めることがなかったので、ヘンリーと彼の後継者たちは再びいたずらを試みた。ヘンリーが合計で六回、後継者のエドワード六世が六回、さらにメアリー一世とエリザベス一世がそれぞれ二回という具合である。ヘンリーとエドワードの治世、つまり一五四四年から一五五一年、このプロセスはもっとも活発であり、グレートデベースメントとして知られるようになった。このプロセスが終わるまでに、銀貨の価値は当初のそれのたった四分の一まで減少してしまった。もちろん、インフレも高進する。一五三〇年代と一五四〇年代はそれ以前の二〇年に比べておよそ二九％も上昇、その後の二〇年では九一％まで高進してしまったのだ。ここでもまた、人々は減価される以前の硬貨を保持していた記録があるが、彼らはそれがより大きな価値を持つことを知っていたのである。エリザベスの治世になって減価を行わないという政策に立ち返ったことで、やっと経済情勢は安定したのだ。

貝殻とお金

イングランド銀行の中庭に桑の木が象徴として植えられているのと同じように、ベルギー国立銀行の博物館にはお金の歴史を伝える品が飾られている。タカラガイの貝殻だ。タカラガイはインド洋や太平洋など海水の暖かい地域に生息する貝である。タカラガイの貝殻は小さく、卵型で、大きさも性質も比較的均一である。紙幣や硬貨以前、中国で初期の通貨として用いられていたのがこのタカラガイである。一九七〇年代後半、考古学者の鄭振香は、紀元前一七六六年から一〇四五年まで続いた殷王朝の遺構で、女性軍人の婦好の墓を発見した。この墓は中国考古学において最も重要な発見の一つである。墓は二〇メートルもの木製の室、婦好のひつぎ、一六人の殉死者からなっていた。これに合わせ、墓からは一〇〇〇個もの青銅器や翡翠や骨角器と、七〇〇〇個以上のタカラガイの貝殻が発見された。婦好の墓はタカラガイの貝殻が通貨として用いられていた証拠となるだけではない。その後に続いた周王朝時代の青銅の酒器には、その製造者たちがこれらユニークな品々を制作した報酬をどのように受け取っていたかが刻まれていたのだ。いわく「タカラガイの貝殻を三〇個受け取り、君主のためにこの尊（酒器）を制作した」。また、殷のお金は、貝殻の象形文字で表現されていたのだ。この「貝」の字は、今日でも財宝や担保、富、売買などを示す漢字の語根となっている。

通貨としては原始的な形態と思われるかもしれないが、タカラガイの貝殻は多くの点で交易の単位として極めて有効なものであった。持ち運びが可能で、壊れにくく、大きさがそろっているのだ。その後の硬貨や紙幣などとは異なり、為政者が容易に操作することができなかった。つまり、財政が逼迫してきたときに貝殻を減価したり、追加で印刷したりすることはできなかったのだ。安陽市近郊の殷墟で見つかった貝殻は、当時としてははるか彼方の地であるインド洋で採れたものだった。黄河流域ではタカラガイの貝殻は見つからなかったのである。つまり、後に利用された硬貨や紙幣とは異なり、マネーサプライは基本的に一定だったのだ。タカラガイの貝殻は富の基準としての価値を保持していたのである。

貝殻を通貨として利用したのは殷だけではない。西アフリカでは一九世紀半ばまで貝殻のお金が使われていた。インドのオリッサ州でも、一九世紀の初めにイギリスの東インド会社が新たな通貨を導入するまで貝殻が使われていた。アメリカ西部でもネイティブアメリカンが利用した。南太平洋諸島では、小さな貝殻を一定の大きさに砕いて貝殻ビーズのお金を作っていた。古代中国では、経済規模が拡大するにつれ、制度としての貝殻の利用は最終的に終わってしまう。というのも、経済成長のペースに追いつくだけの貝殻がなかったからである。後に殷墟でタカラガイの貝殻を模した銅の破片が見つかっているが、事実上、世界最古の鋳造硬貨の一つであろう。

かつてタカラガイの貝殻が利用されていたことを考えると、いくつかの疑問が生まれる。つまり、供給量を固定し、その価値を一定とさせることができる何らかの形態の通貨を生み出すことは可能だろうか。政府の気まぐれな要請に左右されず、人々が富の源泉として一〇〇％信頼できる通貨を生み出すことは可能だろうか。この疑問に対する一つの答えとして、いわゆる暗号通貨、具体的に言えばビットコインなどを生み出す、ということがある。だが、これらの手段でさえ、複雑な計算や不透明な方法を通じて新たに供給できることを考えれば、かなり怪しいものとなる。法定通貨でみたこれら暗号通貨の価格の乱高下を見れば、それが安定しないことが分かるであろう。

第3章　決定的に重要なインフレ統計

インフレ統計は世界中の政府や実業界で用いられる最も重要な数値の一つである。それは何百万人もの人々の生活に直結する、賃金や鉄道運賃、水道料金や年金など数多くの事柄を決定するためのベンチマークとなるからだ。実際に、各国の中央銀行はインフレの数値を崇め奉っていると言ってもよいかもしれない。というのも、インフレの数値が上昇すれば、彼らは金利を引き上げ、そうすることでインフレを抑えられると考えているからである。インフレの数値には専制君主のような力があると言ってもよかろう。

インフレのデータに基づき重要な政策を決定する

二〇〇八年、アメリカの金融制度が崩壊するかのように思えたサブプライム危機の最中、

ＦＲＢ（米連邦準備制度理事会）は経済が恐慌の淵にあるかのような状態であったにもかかわらず、金利を引き下げないという決定を下した。一方で、ＦＲＢはインフレを懸念しており、声明のなかで「成長の下落リスクとインフレの上昇リスクとの双方が委員会の大きな懸念材料である」[6]と述べた。後に、バーナンキ元議長は回顧録のなかで「今になって思えば、あの判断は確かに間違いであった」[7]と記している。

インフレに対する世界的関心

インフレの測定は世界的関心事である。ＩＭＦ（国際通貨基金）によれば、インフレ指数、具体的にはＣＰＩ（消費者物価指数）を利用している国は一八一カ国に及ぶという。すべての先進国にＣＰＩがあるのは当然だが、途上国や極めて小規模の国家にも存在する。イタリア北部にあるマイクロ国家のサンマリノでさえもだ。三万人のサンマリノ国民の消費動向を調査するのは簡単であろう。

興味深いのは中国で、一つの国に「中華人民共和国香港特別行政区」「中華人民共和国マカオ特別行政区」「中華人民共和国」と三つの指数があるのだ。インフレ統計を有する国家はすべての大陸にまたがって存在するのだ。

インフレ統計を持つ国家

アフガニスタン、アルバニア、アルジェリア、アンゴラ、アンギラ、アンティグア、アルゼンチン、アルメニア、アルバ、オーストラリア、オーストリア、バハマ、バーレーン、バングラデシュ、バルバドス、ベルギー、ベリーズ、ベナン、ブータン、ボリビア、ボスニア・ヘルツェゴビナ、ボツワナ、ブラジル、ブルネイ、ブルガリア、ブルキナファソ、ブルンジ、カンボジア、カメルーン、カナダ、カーボ・ベルデ、中央アフリカ共和国、チャド、チリ、中華人民共和国、中華人民共和国マカオ特別行政区、中華人民共和国香港特別行政区、カンボジア、コモロ、コンゴ、コスタリカ、コートジボワール、クロアチア、キュラソー、キプロス、チェコ、デンマーク、ジブチ、ドミニカ国、ドミニカ共和国、エクアドル、エジプト、エルサルバドル、赤道ギアナ、エストニア、エチオピア、フィジー、フィンランド、フランス、ガボン、ガンビア、ジヨージア、ドイツ、ガーナ、ギリシャ、グレナダ、グアテマラ、ギニア、ギニアビサウ、ガイアナ、ハイチ、ホンジュラス、ハンガリー、アイスランド、インド、インドネシア、イラン、イラク、アイルランド、イスラエル、イタリア、ジャマイカ、日本、ヨルダン、カザフスタン、ケニア、韓国、コソボ、クウェート、キルギス、ラオス、ラトビア、レバノン、レソト、リトアニア、ルクセンブルグ、マケドニア、マダガスカル、マラウィ、マレーシア、モルジブ、マリ、マルタ、モーリタニア、モーリシャス、メキシコ、モルドバ、モンゴル、モンテネグロ、モントセラト、モロッコ、モザンビーク、ミャンマー、ナミビア、ネパール、オランダ、オランダ領アンティル、ニュージーランド、ニカラグア、ニジェール、ナイジェリア、ノルウェー、オマーン、パキスタン、パナマ、パプアニューギニア、パラグアイ、ペルー、フィリピン、ポーランド、ポルトガル、カタール、ルーマニア、ロシア連邦、ルワンダ、サモア、サンマリノ、サントメ・プリンシペ、サウジアラビア、セネガル、セルビア共和国、セーシェル、シエラレオネ、シンガポール、シント・マールテン、スロバキア共和国、スロベニア、ソロモン諸島、南アフリカ、南スーダン、スペイン、スリランカ、セントクリストファー・ネイビス、セントルシア、セントビンセント及びグレナディーン諸島、スーダン、スリナム、スワジランド、スウェーデン、スイス、タンザニア、タイ、東ティモール、トーゴ、トンガ、トリニダード・トバゴ、チュニジア、トルコ、ウガンダ、ウクライナ、アラブ首長国連邦、イギリス、アメリカ、ウルグアイ、バヌアツ、ベネズエラ、ベトナム、ヨルダン川西岸、イエメン、ザンビア、ジンバブエ

影響力のある統計

二〇一六年八月二四日付けのタイムズ紙の記事で、経済記者のフィリップ・オルドリックは、インフレ以上に影響力のある経済統計は思いつかないと記した。というのも、それは賃金交渉のベンチマークとなり、鉄道運賃や水道料金の決定に用いられるからである。ベビーブーマー世代や引退した公務員はその数字に気を配り、失業給付の受給者たちはそれに依存している。インフレには収入を台無しにする力があり、中央銀行は金利に関する自らの政策を決定するためにインフレの数値にとらわれている。何百もの数値に影響を及ぼすインフレという一種の独裁権力が存在するのだ、と彼は述べた。それほどに重要な統計

であるならば、極めて高度な検証が行われていると思うであろうが、実際にはそうではない。イギリスで広く注目を集める消費者物価指数が、一九九五年から存在するヨーロッパの規制と歩調を合わせたのは二〇一六年五月になってからであり、最後に重要な修正が行われたのはその六年前である。消費者物価は生活コストの代理変数とされるが、イングランド銀行の主席エコノミストは、住宅コストが含まれていないので、最良の指標ではないと述べた。イギリス国家統計局も同意見で、ＣＰＩは、ほとんどの人々の生活費の多くを占める住宅費が除外されているので、生活費の指数ではない、としている。オルドリックは、人々はより安価な商品で代用する傾向にあり、アルディやリドルなどのディスカウントストアの登場によって消費性向が変化しているという事実が、ＣＰＩでは無視されていると記している。

イギリスのデータ収集方法は時代遅れだ、とオルドリックは記した。契約業者が毎月一四〇の店舗で一一万種の商品の価格を収集、またカタログやウェブサイトからさらに七万種類の商品価格を採集している。そうするよりも、小売店のレジのデータを集めたほうがより正確な消費動向を把握することができるだろうと彼は提案している。また、イギリスで食品以外の購入の五分の一を占めるオンラインサイトを検証したほうがより正確だと彼は言う。もちろんデータ収集の方法は改善されてきてはいるが、変化は常であり、環境の変化についていくことが容易ではないことは間違いない。

個々の生活に与える影響

インフレ指数が開発される以前の一九六〇年代、一九七〇年代のアメリカでは、年金受給者の購買力に対するインフレの影響を相殺することを目的に、合衆国政府がそのときどきの物価上昇を判断して年金給付額を引き上げていた。指数が導入されたのは一九七五年であるが、これは、政治家は受給者（有権者でもある）に対して寛大であるよう圧力を受けており、当局は実際のインフレによって正当化されるよりも大きく給付額を増加させる傾向にある、と考えられていたので、公式な指数を導入したほうがインフレの効果を相殺するためには確かだと考えられたからである。指数がインフレを過大にとらえてしまうことは知られていたが、その影響は軽微だとの理由から給付額の減額は政治的抵抗を受けた。そのときは微少だと思われた一％の誤差でさえ、複利の結果、長期的にはかなり大きな誤差になり得るという事実は容易に見過ごされてしまったのである。

インフレ統計の人気

新聞やインターネットを見れば、ほとんど毎日のように、インフレに対する政府の政策に関する何らかの批判的な論説を目にすることができるであろう。ＦＲＢは目を覚まし、インフレの上昇が示しているようにアメリカは過熱していることを認めろ、と警告するトップ記事もあった。この記事では、いかにして消費者物価が年二・三％上昇したか、そして価格が変動しやすい食品などのカテゴリーを除外すると、個人消費に関するインフレの値は政府のインフレ目標である二％に達していることが触れられていた。そして、最近になってフェデラルファンド金利が一・七五％から二％の水準に引き上げられたということは、ＦＲＢが実質（名目金利－インフレ値）金利をやっとゼロに戻したということだと続けた。この状況を続けても、経済活動を刺激することも抑制することもない、と記事では記されていた。経済成長とインフレおよび金利とには直接的な関係があると仮定されているが、この前提を多くの者たちが信奉している一方、疑問を呈する者もいる。

政治的インパクト

二〇〇八年、インド政府はインフレをコントロールすることを目的にいくつかのコモディティの先物取引を停止した。政府はインドの食品価格の上昇は先物取引が原因だと判断したわけだ。選挙の洗礼を受ける政府は、インフレが上昇したというニュースは現政権の敗北につながる危険性があるがゆえに、インフレを実際よりも低く見せたいという誘惑に駆られる。いくつかのコモディティの先物取引を禁止したり、粉ミルクの輸出を禁じたり、選挙前に燃料価格への補助金を継続したりするなどして市場にゆがみをもたらすことで、政府は現実のインフレの数値に影響を与えようとしていたのだ。そのためインドの政策立案者たちは為替にも手を出した。ルピーが一％上昇すると、卸売物価指数が〇・二％低下するとされている。それゆえ政府は、自国の外貨準備に関していくつかの施策を講じることで、ルピー高政策を進めようとしたのだ。

インフレに基づいた中国の政策決定

二〇一一年、中国の中央銀行である中国人民銀行は高まるインフレを抑えるために一年物の借入金利を〇・二五％引き上げた。政策立案者たちが主に参照するインフレ指標である中国のＣＰＩが上昇していたことは確かだが、その変化は統計的に有意だとは思えなかった。例えば、二〇一〇年を通じてＣＰＩは三・三％上昇し、三％以下とする政府の目標を上回りはしたが、その差が有意なのかどうかと疑問を呈する者もいた。同じ年、政府はインフレが上昇しているとして、銀行に貸し出しを減らすよう求めた。彼らは銀行の貸出量を減少させるために、銀行の預金準備率を引き上げたのだ。

メキシコでの政治的インパクト

一九八七年、インフレ率が大幅な上昇を示したことで、メキシコ政府は新たに緊急のインフレ対策を講じた。その政策は不人気であることが予想され、ミゲル・デ・ラ・マドリ大統領ですら「強力で、厳しく、痛みを伴う措置」も含まれると述べざるを得なかった。インフレは一五〇％にも達した。労働組合は最低賃金を四六％引き上げるよう圧力をかけたが、政府の発表は三八％に留まった。彼らはまたガソリンと電力料金の引き上げも発表した。労働組合と政府が提案した内容が、インフレの数値が示す現実と一致していないことは明らかだった。ある役人は、彼らの施策は理論上、インフレを引き下げることはできるが、ガソリンや電力料金を引き上げたため、大衆がインフレの是正を感じるのは難しいと述べたと伝えられた。そして、その年の末、メキシコ政府は賃金上昇の指標に用いられる、七五の消費財ならびにサービスからなる新たなバスケットを発表した。これによって、同国の中央銀行が算出したインフレ率を用いる古い制度は廃止されたが、実際に店舗で販売されている商品価格よりも大幅に低い価格が用いられていたので、悪い冗談だと考える者もいた。

一つの商品価格がインフレに関する考えにいかに影響を与え得るかを示す例として、メキシコのトマト価格がある。二〇〇〇年、メキシコの一般家庭の食卓にとって大切なトマトの価格が急騰し、インフレが予想値を上回ることになってしまった。メキシコのインフレ指数におけるトマトのウエートは、それがメキシコのさまざまな伝統料理に用いられることから、大きなものとなっていた。だが、価格の変動や季節要因が最も大きな商品の一つでもあった。例えば、あるコメンテーターによれば、八月のトマト価格は七月よりも四〇%も高いという。このような価格変動がインフレの値を歪めがちなのは確かだが、実際のインパクトはどの程度かと問うべきである。八月、消費者物価は〇・四六%上昇の予想に対し、〇・五五％上昇した。この〇・〇九％の差は統計的に有意だったのだろうか。

ベネズエラでの政治的インパクト

二〇一八年八月、ベネズエラのニコラス・マドゥロ大統領は自身の社会主義政権による暗号通貨「ペトロ」にペッグさせた通貨制度を発表した。劇的な物価上昇に見舞われていた同国では、これによってベネズエラ・ペソが事実上九〇％以上減価されることになるが、これは本当のハイパーインフレの前触れだとするコメンテーターもいた。マドゥロ大統領は、ある時点で最低賃金を三〇〇〇％以上引き上げるつもりだと述べた。彼はまた法人税を引き上げ、多額の補助金が充てられているガソリン価格も引き上げるつもりだと言う。「私はこの国を回復させたいし、そのための方法も分かっている。信じてくれ……」と彼は言ったのだ。すでに国債をデフォルトさせていたこの国が成功するかは疑わしい。ある経済学者は、この行動は最悪であり、無謀な減価と財政拡大はハイパーインフレを悪化させる結果になるとした。ＩＭＦはベネズエラのインフレは一〇〇万％になると予測した。野党のリーダーであるエンリケ・カプリレスは「あの無能な連中がわれわれの国家を破壊するという悲劇を体験するに値するベネズエラ国民など一人も存在しない」とツイートした。マドゥロは「ペトロ化」をうたい、為替や給与、年金や物価などは暗号通貨であるペトロにペッグされることになると言う。暗号通貨の専門家は、運用方法の詳細が不明で、またアメリカがその使用を禁じていることを指摘し、ペトロが金融商品として機能するかは疑わしいとしている。三月、ドナルド・トランプ米大統領は、アメリカでのペトロに関連した金融取引を禁ずる大統領命令に署名し、ベネズエラの暗号通貨はインチキだと公式に非難した。ベネズエラ政府は、ペトロの投資家の名前や、暗号通貨の売却でいくら回収したかという情報を提供していない。マドゥロは、自らの計画はドルの「暴政」を終わらせ、世界でも最大規模の原油埋蔵量を誇るベネズエラの経済的再生を図るものだと述べた。経済学者たちは、ベネズエラの厳しい為替管理と国有化の失敗、そして過剰な通貨発行が、同国の経済危機の根本的な原因だと指摘している。マドゥロは、一ペトロは六〇ドルの価値があり、三億六〇〇〇万ボリバルに相当すると言う。これは、新たな為替レートが、ブラックマーケットのレートに近い一ドル六〇〇〇万ボリバルになるということであり、およそ九六％の減価となるわけだ。彼は「連中はわが国の物価をドル化した、私は給与をペトロ化し、物価をペトロ化しているのだ……われわれはペトロをすべての経済活動と結びつけていくつもりだ」と言う。今後、ベネズエラ経済を観察する者たちは、このような政策の結果が優れたものではないことを知ることになるだろう。

フェド・アップ

著書『フェド・アップ（Fed Up）』で、ダニエル・ディマルティーノ・ブースは、ＦＲＢによるインフレ統計の利用法に関して数多くの痛烈なコメントを記しているが、それらの数字に基づいてどれほど重要な判断が下されているか、また「コア」インフレ指数のような特定のカテゴリーのインフレ統計を選択的に用いることで不的確な判断に陥っていることを指摘している。ある章で彼女は、ＦＲＢ理事の一人が「ＦＲＢが定めるインフレ統計を用いることで実際にどのような問題を抱えているか」と述べたことに言及しているが、これは食品や燃料価格を無視した、本来のインフレの水準を反映していない「コア」ＰＣＥ（個人消費支出）という統計のことである。「だが、人々が最も意識する価格は何であろうか。ガソリンにいくら払っているのか、牛乳の一ガロン当たりの価格はいくらか、ということではないのか。これらの価格が上昇すれば、消費者はインフレが高進していることに気づくだろう。この傾向を無視することはＦＲＢの信頼性を蝕むことになる」

インフレ統計のノックオン効果

インフレ統計にはノックオン効果がある。例えば、アメリカの連邦予算はＣＰＩに大きな影響を受ける。年間のＣＰＩ上昇率が少しばかり低下するだけで、政府の赤字は何十億ドルも減少するのだ。一九九五年、アメリカ議会予算局は、一九九六年初からのＣＰＩの年間上昇率がたった〇・五％低下するだけで、連邦政府の赤字は二〇〇〇年には二六〇億ドルも減少すると予測した。これは、インフレ期待が下がることで、政府がインフレをコントロールしようとして金利を引き上げずに済むからというだけの理由なのだ。この点はボスキン委員会との関連でさらに議論したいと思う。

中央銀行の行動

中央銀行は、マネーサプライや金利に関する重要な判断の根拠となるインフレ率に細心の注意を払っている。これらの判断は、何百万もの人々やビジネスに影響を与えるものだ。二〇〇〇年代初頭、日本、アメリカ、ヨーロッパの中央銀行は、インフレ期待が経済活動をより活発にし、成長をもたらすことになるという理論に基づき、インフレおよびインフレ期待を誘導すべく劇的なまでに紙幣発行を増大させ、発行した現金で国債やほかの資産を購入し、自分たちのバランスシート（貸借対照表）をいまだかつてない水準にまで膨張させた。だが、インフレ指数は反応を示さなかった。彼らにはその理由が判然としなかった。インフレ指数が事実を正しく反映していないからなのか、それとも人々が中央銀行の行動に反応していないからなのか。

経済学では健全な経済にはインフレは必要であるという共通認識があるが、これは労働市場はインフレの上昇に即座に対応することができないため、企業は実質的な労働コストの低下から利益を得ることができる、というのがその根拠である。それゆえ中央銀行は、金利を操作し、新たに発行した通貨で資産を買い上げることで市場操作を行い、また銀行の預金準備率を引き下げることでインフレに影響を与えようとしているが、そうすることで銀行による貸し出しを奨励し、経済により多くの信用を提供させることになるからだ。もちろん、これらすべての行動が常に期待どおりうまくいくとは限らない。

投資判断とインフレ統計

巨額のお金を動かす投資家はＣＰＩを見て判断を下すが、その判断が何十億ドルもの損を生みもすれば、利益を生み出しもする。二〇一六年一一月上旬のウォール・ストリート・ジャーナルに「インフレ懸念が債券の下落を助長する」という見出しがあった。記事では、インフレ統計の値が高く、それに反応して債券利回りが上昇すると予想された結果、先進国の債券価格が下落していることが指摘されていた。これまで投資家はデフレを懸念していたのだが、今ではインフレが心配の種となっていたのだ。債券価格が下落するに従い、国債利回りも上昇した。投資家自らが集めた情報だけでなく、不正確な数値を発表することもある政府機関の統計によっても何十億ドルもの損失が発生したり、利益が生み出されたりする。債券を売買する者たちはこのような計算をしているわけだが、その結果、債券保有者は何十億ドルもの損をすることもあれば、利益を得ることもあるのだ。

銀行の判断

インフレの値は銀行が金利をいかに調整するかにも影響を与える。「実質」金利（名目金利－インフレ率）の計算は、貸し手にとっても借り手にとっても重要なのだ。インフレが上昇していれば、貸し手は貸出金利を引き上げようとする。そうすれば、受け取る金利の実質的な収益低下という損害を回避することができる。銀行や金融会社などの貸し手は変動金利型の貸し付けを行ってきたが、ここではＣＰＩに基づいて金利の引き上げが決定される。固定金利の貸し付けの場合、固定された金利には、ＣＰＩによって示される将来のインフレ期待に基づいて貸し手が決定した「インフレ・リスク・プレミアム」が含まれている場合が多いのだ。

賃金指数

長年にわたり、政治家たちは最低賃金を消費者物価指数に連動させ、毎年ＣＰＩの上昇に基づいて自動的に賃金を増大させることを提唱してきた。アメリカでは、ワシントン州が一九九八年に初めて最低賃金と消費者物価との連動を認めた。後に、オレゴン州やフロリダ州、サンフランシスコやサンタフェといった都市がこれに続いたのだ。

第4章　インフレとは何か

　これまでも指摘してきたとおり、インフレとは通貨に関する問題であり、発行体が行う変更や、何よりも増発の結果として極端な変動にさらされるものである。われわれは商品やサービスなどを購入するために、どれだけの通貨が必要かという基準でインフレを測定する。一つの商品を購入するために、昨日よりも多くの通貨が必要であることに気づけば、自分はインフレの犠牲となった、と言うであろう。

　インフレが発生するとまるで物価が膨らむようになるのをとらえて、インフレを風船だと言う者もいる。インフレは一つの商品または商品全体の価格に影響を与える。インフレを説明するにあたり、さまざまな経済理論が考案されてきた。ケインズ派の経済学者たちは、財やサービスに対する総需要が総供給を上回ると、インフレが発生するという考え方をする。マネタリストたちは、マネーサプライが過剰となると、その過剰なお金が資産、財、またはサービスのインフレを引き起こす、と言う。インフレは、国際的な供給網を通じて伝播する、という理論もある。また、政府があらゆる資源を過剰な支出や借り入れをもって吸収することでインフレが起こるとする理論もあるのだ。

専門家の意見

多くの著名経済学者や作家、政治家、著名人などがインフレについてコメントしているが、その見方は劇的なまでに異なるものだ。彼らの考えをその言葉とともにまとめてみる。

インフレとは政府が国民に税金を課すために利用されるものだ

●ミルトン・フリードマン（経済学者）「インフレとは法律なき課税である」[8]

●ジョン・メイナード・ケインズ（経済学者）「インフレが高進すると、政府は国民の富の多くを、秘密裏に、気づかれることなく没収することができる」[9]

●トーマス・ソウェル（スタンフォード大学フーバー研究所上級研究員）「おおっぴらに

増税することなく国民の富を奪う方法である。インフレは最も普遍的な税金だ[10]」

●フリードリッヒ・アウグスト・フォン・ハイエク（経済学者）「歴史とはインフレの歴史であり、インフレとは政府が自らの利益のために企てたものだと言っても過言ではないと思う[2]」

●アイン・ランド（オブジェクティビズムという哲学体系の生みの親）「インフレは一般市民の行動ではなく、政府によって引き起こされる。具体的に言えば、財政赤字を賄うために必要な、人為的なマネーサプライの増加によって引き起こされるのだ。国家主義的な政府が財政政策を通じて行った略奪以上に、人々の貯蓄を略奪した泥棒や銀行強盗は歴史上存在しない[11]」

インフレとは、政府が財政赤字を解決し、自らの債務を支払うために用いられるものだ

●アーネスト・ヘミングウェイ（作家・ジャーナリスト）「運営に失敗した国家が用いる最初の万能薬は通貨のインフレであり、第二は戦争である。両者とも一時的繁栄をもたらし、かつ永久的な破滅をもたらす。だが両者とも政治的・経済的オポチュニストの避難所だ[12]」

●ハーバート・フーバー（第三一代アメリカ大統領）「公的債務を削減する方法は三つしかない。一つ目は課税、二つ目は支払い拒否、そして三つ目がインフレだ[13]」

●スリ・ムリヤニ・インドラワティ（インドネシアの財務大臣）「途上国の多くが経済の過熱とインフレという同じ問題に直面しているが、これは二〇〇八年のショックに対応するために金融財政政策を積極的に緩和させてきたことが原因である[14]」

●ジェームズ・キャラハン（元イギリス首相）「われわれは、減税と政府支出の拡大で不況を脱出し、雇用を拡大することができると考えてきた。だが率直に言って、その方法論はもはや存在しない。それが存在していたときでさえ、戦後のインフレという劇薬によってうまくいったことがあったというだけで、その後には失業が増大していたのだ[15]」

インフレは企業が価格を引き上げることで起こる

●W・エドワーズ・デミング（アメリカ労働統計局が用いるサンプリング技術の開発者）
「生産性と品質が低下していくなかで、単位当たりの生産コストが高止まりしているが、それほど多く売らなくてもよいとしよう。労働者は賃金の低下を望まないので、利益を確保するためには価格を引き上げることになる。それがインフレだ[16]」

政府はインフレをコントロールすることができる

●ジャネット・イエレン（前ＦＲＢ〔連邦準備制度理事会〕議長）「金利調整を通じて金融を安定させようとすれば、インフレや雇用のボラティリティが増大することになる。結果として、私は銀行の監視や規制に対してはマクロプルーデンスなアプローチが重要になると考えている[17]」

生産を増大させることでインフレを解決できる

●チェスター・ボウルズ（元駐インド・アメリカ大使）「生産はインフレの唯一の解決策だ[18]」

成長は低インフレによって達成される

●ラグラム・ラジャン（元インド準備銀行総裁）「繰り返し述べていることだが、インフレを妥当な水準に引き下げることが安定成長を達成する方法である[19]」

インフレは悪だ

●ミルトン・フリードマン（経済学者）「インフレは病気である。危険で、時に致命的ともなる病気であり、治療が間に合わなければ社会を破壊し得るものだ[20]」

●ルートヴィヒ・フォン・ミーゼス（オーストリア学派の経済学者）「インフレは本質的に非民主的だ[21]」「インフレが続けば大惨事は免れない[22]」

●トバ・ベータ（作家）「インフレはバブルとその崩壊とをもたらす。それは世界経済を発展させるが、壊しもするのだ[23]」

●ヘンリー・ハズリット（経済ジャーナリスト）「あらゆる税金と同じように、インフレはわれわれすべてが従わざるを得ない個人および企業の政策に決定的な影響を与える。それはあらゆる慎重さや倹約する意欲を削ぎ、無駄遣いやギャンブルなどあらゆる浪費をけしかけるものである。インフレによって生産するよりも投機したほうが利益が大きくなることが多い。それは安定した経済の構造を引き裂いてしまう。人々を麻薬へと走らせる許しがたい不正である。それはファシズムや共産主義の種をまくものである。人々は全体主義的な管理を求めるようになる。やがて辛い幻滅と崩壊を迎えることは避けられないのだ[24]」

●ケビン・ブレイディ（米下院議員・下院歳入委員会委員長）「インフレは貯蓄を破壊し、計画を妨げ、投資を阻害する。つまり、生産性を引き下げ、生活水準を低下させるのだ[25]」

●アジム・プレムジ（ウィプロ会長）「インフレは貧困線を引き上げるが、貧困は経済的なものばかりでなく、厚生や教育という方法でも定義されるものである[26]」

インフレは退治しなければならない

●ポール・サミュエルソン（近代経済学の父）「インフレを回避すること、これは絶対命令というよりも、われわれが是が非でも追い求めなければならないが、往々にして妥協を強いられることになる矛盾をはらんだ目標のひとつである[27]」

●マーティン・フェルドシュタイン（全米経済研究所名誉会長）「三〇年前、多くの経済学者がインフレは大した問題ではないのに、それを抑えるためにかかるコストが大きすぎると主張していた。今日そのような主張をする者はいないであろう[28]」

人々はインフレを制圧するために消費する

●ロバート・キヨサキ（リッチ・ダッド・カンパニー創業者）「今日、インフレを懸念する人々は大きな邸宅や高級車を買う傾向にある[29]」

インフレは貯蓄を破壊する

●ロバート・オーベン（ジェラルド・R・フォード元副大統領のスピーチライター）「インフレは貯蓄に生えた雑草だ[30]」

インフレは善だ

●張夏準（韓国の経済学者）「低インフレと政府の慎重さは経済発展には有害かもしれない」「ハイパーインフレの破壊的性格を認めることと、インフレ率が低ければ低いほど良いとすることには論理的に大きな隔たりがある[31]」

●ジェローム・パウエル（ＦＲＢ議長）「インフレがターゲットを下回ると、家計や企業が抱える債務の実質価値が増大し、景気の下振れに対抗する中央銀行の力を削ぐことになる[32]」

●ジャネット・イエレン（前ＦＲＢ議長）「私に言わせれば、インフレがターゲットを上回っていても、時にはそれに任せることが賢く、人間味のある政策となることがある[33]」

●ベン・バーナンキ（元ＦＲＢ議長）「多くの国々でインフレが低く安定していることは重要な成果であり、大きな利益をもたらし続けることであろう[34]」「アメリカ政府は印刷機（今日では電子的なそれに置き換えられる）と呼ばれる技術を持っているので、欲しいだけの米ドルをほとんどタダで生み出すことができる……紙幣制度では、政府が決断すればいつでも消費を増大させ、それゆえインフレを引き起こすことができる……紙幣を印刷することができるという力を通じて、政府はインフレを引き起こすことができるわけで、それは素晴らしいことだ[35]」

●ミルトン・フリードマン（経済学者）「経済生産より早いペースで貨幣供給量が増えることによってのみ生まれ得るという意味で、インフレとはいついかなる場合も貨幣的現象である。ある程度の水準で、通貨供給量が安定して増大すれば、国はほとんどインフレを引き起こすことなく、大きな成長を遂げることができる。だが、これは完璧な安定をもたらすわけではない。地上の楽園を生むものでもない。だが、安定した経済社会に大きく寄与することができる[36]」

通貨が過剰であることでインフレは起こる

●ロバート・キヨサキ（リッチ・ダッド・カンパニー創業者）「簡潔に言えば、インフレはシステムのなかの通貨が過剰になったときに発生する。反対に、デフレは流通するドルが過少になったときに発生する[37]」

●ヘンリー・ハズリット（経済ジャーナリスト）「わずかなインフレ、つまり少しばかり多くのお金を発行し、その結果、賃金や物価が上昇すれば、より多くの需要が創造されたように見える。だが、実際には生産量も取引量も増えてはいない[24]」

中央銀行家はインフレをコントロールしなければならない

●ジェイムズ・スロウィッキー（元ニューヨーカー記者）「インフレに負けないことが、すべての中央銀行家のジョブ・ディスクリプションの一つであることは間違いない。インフレが制御不能だと投資家が考えたら、金利は高騰し、資本は逃げ、あっという間に悪循環に陥ってしまう[38]」

中央銀行がインフレを起こす

●ジム・パウエル（ケイトー研究所上級研究員）「ほとんど中央銀行は一九〇〇年以降、政府が自ら保有していない通貨を費消するのを助けるために設立された。それらはインフレのエンジンとなったのだ。数多くの悪性インフレ、そして最も悪質なそれは一九〇〇年以降に発生している[39]」

企業はインフレを予測して価格を引き上げる

●**ジェームズ・スロウィッキー（元ニューヨーカー記者）**「ハイパーインフレを経験した企業がその恐怖に敏感になるのは理解できる。それゆえ少しでもインフレの兆しが見えれば、彼らは価格をつり上げようとする。そうしなければ、実際にインフレになったときに、事業が破綻してしまうことを彼らは学んでいるのだ[40]」

インフレの高進と金利の上昇は悪循環である

●**アルンダティ・バッタチャリヤ（インドステート銀行元会長）**「インフレの高進と金利の上昇は悪循環である[41]」

インフレは大きな財政赤字と低成長に関係がある

●**ビル・グロス（債券投資家）**「低成長とインフレは、大きな財政赤字と、債務の対ＧＤＰ（国内総生産）比率の上昇を伴う傾向にある[42]」

財政赤字がインフレを引き起こすのではない

●**ウィリアム・ヴィックリー（経済学教授・ノーベル賞受賞）**「財政赤字それ自体がインフレを引き起こすわけではなく、均衡財政が安定した物価水準を保証するわけでもない[43]」

インフレは労働コストの増大によって引き起こされる

●**ダグラス・R・オバーヘルマン（元キャタピラー会長兼ＣＥＯ【最高経営責任者】）**「インフレは、商品価格の上昇ではなく、労働コストの上昇に影響される。率直に言って、多少の上昇なら見てみたいと思う。と言うのも、私は人々の給与を増やしたいのだ。皆の給与が増えるのを見たいのだ[44]」

物価の上昇がインフレを引き起こしているのではない、インフレはただ物価の上昇をわれわれに伝えているだけにすぎない

●**ウォルター・ビゲロウ・ライストン（元シティバンク会長）**「物価の上昇がインフレを引き起こしているのではない、インフレはただ物価の上昇をわれわれに伝えているだけにすぎない。通貨は単なる情報の一形態にすぎないのだから、それは本質的に経済を語っているにすぎない[45]」

インフレとは、通貨量の増大ではない

●**ルートヴィヒ・フォン・ミーゼス（オーストリア学派経済学者）**「今日、人々がインフレと呼んでいるものはインフレではない。言い換えれば、通貨および通貨の代替物の増大ではなく、インフレの必然の結果としてのコモディティ価格や賃金の全般的な上昇のことである[46]」

インフレを定義する

これらの引用からも分かるとおり、インフレに対する考え方は多岐にわたり、往々にして相矛盾する。しかし、インフレはさまざまな財やサービスの価格の変化に基づいて測定されるものであるということは基本的に一致している。そのプロセスを簡略化するために、全体の価格変化を反映させた指数が構築されているのだ。そして、それが物価の概況を示していると考えられている。ＣＰＩ（消費者物価指数）は、年間の価格変化を測定する主たる指数とされているが、それは価格変化が国民全体にもたらす影響をＣＰＩが表していると考えられているからだ。もちろん、これはかなり簡略化された方法である。

インフレを定義するにあたっては、そのコンセプトを取り巻くさまざまな理論をしっかりと検討しなければならない。「貨幣数量説」では、インフレはマネーサプライの増大によって引き起こされる、となる。つまり「貨幣インフレ」というわけだが、マネーサプライの増大が物価の上昇に結実することもあれば、しないこともあることが明白になってきている。それゆえ、経済学者たちはインフレの原因を探るべく研究を続けているのだ。貨幣のクオリティ理論と呼ばれる理論もあるが、そこでは売り手は、自ら手にする金額の通貨を用いて、将来時点で同じ財またはサービスを取得することができると期待する、とされる。仮に売り手が、将来同じ製品を購入するためにより多くのお金が必要になると考えたならば、彼は自らの売値を引き上げることになるわけだ。

また別の説明が「デマンドプル」インフレと呼ばれるもので、ここでは民間および政府支出の増大によって需要が増加したことでインフレが発生するとされる。超過需要が良好な市場環境と結びつけば、投資と市場拡大につながることになるから、この種のインフレは経済成長に有効であると考えられている。財やサービスの供給が減少したことで原材料価格が上昇した結果発生するインフレは「コストプッシュ」インフレと呼ばれる。天災が発生して供給が制限された場合などは、「サプライ・ショック・インフレ」というよりドラマチックな名称が用いられることもある。それから、「ビルトインインフレ」があるが、これは、例えば供給業者が従業員との間でインフレ連動の契約を締結しており、彼らの給与を引き上げざるを得なくなったときに、当該業者が価格を引き上げた結果として物価が上昇する、というものだ。このような状況は、「賃金と物価の悪循環」と呼ばれる。最後に「資産価格インフレ」があるが、これは金融資産の価格上昇である。

インフレに対してこれほど多くの解釈があるということは、概してわれわれは実際に起こっていることを理解していない、ということだ。これはまた、政府や政策立案者たちがインフレに立ち向かおうとする際に直面する問題を浮き彫りにしてもいる。

世界的災難としてのインフレ

一九七三年、経済学者アービング・フリードマンは『インフレーション（Inflation：A Worldwide Disaster）』という書物を著した。彼は、この本を著すまでの三〇年間に、数多くの国々が継続的な物価および賃金の上昇という問題に対処しようとしてきた、と記している。だが、一時的にうまくいくことはあっても、概して失敗の繰り返しだったのだ。政府は政治的・社会的に受け入れられる解決策を講じることができず、むしろインフレ基調を強める政策を推し進めるばかりで、その結果、インフレは不可避であり、政府は物価の上昇トレンドを終わらせることはできないし、すべきでもないと広く考えられるようになった。

この本で彼は、インフレの歴史的な分析を行い、一六世紀、大量の金や銀が新世界からスペインに流入し、そこからヨーロッパのほかの国々へと流れていったことで、やがて物価の上昇と金利の高騰を招いたヨーロッパ社会がどのような影響を受けたのかを調査した。その結果、カトリック教会が「公正」またはフェアな価格であった高金利を声高に非難することになった。

問題は社会的なものであり、それゆえ解決するためには社会的原因に取り組まなければならず、経済学者だけに任せておくことはできないのだ、と彼は述べている。いわゆるインフレに対するほかの者たちの見解と同じように、彼はインフレの重圧を最も受けるのは最下層の人々だと述べている。それゆえ、政府が介入し、行動を起こさなければならないという結論に至るのも当然である。一九六〇年代の物価動向を見ると、サンプルとした三七の途上国の平均物価上昇率は年三・五%であり、二〇年ごとに物価が二倍になる計算だ。彼が取り上げた国には、メキシコ、グアテマラ、コスタリカ、パキスタン、タイ、韓国、インドネシア、ブラジル、チリ、アルゼンチンなどが含まれているが、これらの国のなかにはあまりに多くの紙幣を印刷したがゆえに、物価それ自体が意味のないものとなってしまった国もある。フリードマンは、より多くの通貨がより少ない財に向かうと、通貨の購買力が低下し、市場の力によって価格が上昇するというお馴染みの理論を繰り返し紹介している。この本のなかで彼は今後、世界は絶え間ないインフレが破壊的なものとなる時期に突入するが、それが自律的に修正されることは期待できず、解決策を見いださなければならなくなるだろうと述べている。

消費者物価をどのように測定するかを説明するにあたり、彼はそのような統計の欠点を指摘しているが、すべての財やサービスに対して消費者が支払う平均的な価格が存在するとする簡略化が原因であるとしている。さまざまな財やサービスの相対的な重要性に与えられるウエートは消費者によって異なるのだ。「平均」は、大半の人々が実感していることや、国内でも地域によって大きな違いがあるという事実を反映していないのだ。

第5章　ハイパーインフレとは何か

ハイパーインフレの正確な定義が存在しないのは、それが発生すると、人々が測定しようと試みるにもかかわらず、あらゆる統計が放り出されかねないからである。物価上昇があまりに激しく、制御不能なインフレで、想像を絶するものだ、と定義するのが最も良いであろう。二〇世紀に入って、中国、ドイツ、ロシア、ブラジル、ハンガリー、アルゼンチン、ベネズエラなど、五〇回以上にわたって発生したと推定されている。マネタリストは、マネーサプライの大幅な増大にＧＤＰ（国内総生産）の成長が追いつかないときに発生するのだ、と言うであろう。だが、国民が通貨をまったく信用しなくなり、実物財に乗り替えることでできるかぎり早く通貨を手放そうとするとき、という説明のほうが良かろう。そして、人々が通貨よりも財のほうが価値貯蔵手段として優れていると考えるようになるに従い、買いだめが始まるのだ。店舗から商品があっという間になくなるので、棚はカラになる。税収は実質的に減少するので、政府は支出を賄うために紙幣を追加発行することで対応する場合が多い。

専門家の意見

多くの記者や経済学者がハイパーインフレについて語ってきた。彼らの言葉を次にまとめる。

●**チャック・グラスリー（アメリカ上院議員）**「ＦＲＢ（米連邦準備制度理事会）はお金を刷ることができるが、それを回収することもできる。だが、彼らがそれをしなければ、われわれは一九八〇年や一九八一年以上のひどいハイパーインフレに見舞われるであろう[47]」

●**トーマス・ソウェル（経済学者）**「政府が税率を引き上げるという面倒なことをしなくても、ハイパーインフレは事実上、国民のすべての蓄えを吸い上げてしまう[48]」

●**ティモシー・ガイトナー（元アメリカ財務長官）**「この国でハイパーインフレが起こる

ことはない、けっして起こらない……FRBが大量の通貨を経済に投入しても、将来ハイパーインフレとなるリスクは発生しない。わが国には、議会の強力な支持を得た、強力かつ独立した連邦準備制度があり、彼らが長期にわたりインフレを抑え、安定させるために必要なことを行うであろう」[49]

●ローレンス・コットリコフ（ボストン大学経済学教授）「アメリカは過去に高いインフレを経験しているが、かつて二〇世紀にハイパーインフレを引き起こしたものと同じような財政政策を進めているようだ」[50]

●ヘンリー・ハズリット（経済ジャーナリスト）「通貨を司る者たちは、金本位制に代わるような『責任ある通貨管理』を行っていると好んで口にする。だが、歴史上、責任ある通貨制度など存在しない……総じて、ハイパーインフレ、減価、そして金融の混乱の歴史なのだ」[51]

●ルエリン・ロックウェル（作家）「FRBはさまざまな回避策を講じて、銀行制度を迂回しながら、何兆ドルものニューマネーを経済に投入している。時がたてば、それが成功するかどうかが分かるであろう。一方で、深刻な危険が潜んでいる。ひとたび不況が去れば、再び貸し付けが始まるであろう。部分準備銀行制度と無限の現金供給とがあれば、物価のトレンドが反転し、デフレからインフレへ、さらにはハイパーインフレへと向かうこともあり得る[52]」

●ジェイムズ・スロウィッキー（ジャーナリスト）「ハイパーインフレを経験した企業がその恐怖に敏感になるのは理解できる。それゆえ少しでもインフレの兆しが見えれば、彼らは価格をつり上げようとする。そうしなければ、実際にインフレになったときに、事業が破綻してしまうことを彼らは学んでいるのだ[40]」

世界中のハイパーインフレ

ジョンズ・ホプキンス大学のスティーブ・ハンケとニコラス・クルスがハイパーインフレについて広範な研究を行っている。二〇一六年一二月時点で、ハンガリー、ジンバブエ、フランス、ウクライナ、ドイツ、ギリシャ、中国、アルメニアなど一六カ国が一九二二年から二〇〇七年の間に計一七回のハイパーインフレを経験していることを彼らは見いだしている。それらのケースでの日次のインフレ率は下が五％から上が九八％までの範囲にあった。物価が二倍になる時間は、一九四五年のハンガリーにおける一五時間から、一九二三年のポーランドにおける一六日までの範囲にあった。もちろん、この種のインフレに共通するのは、ハンガリー・ペンゴ、ドイツ・パピエルマルク、台湾円、ポーランド・マルカなど通貨の信任がまったく失われてしまったことで、それらは歴史の彼方に消え去ってしまったのだ。

ドイツの経験

一九七五年の名著『ハイパーインフレの悪夢』（新潮社）で、アダム・ファーガソンはワイマール共和国における財政赤字と平価切り下げ、そしてハイパーインフレの悪夢について記している。この本の序文で彼は、三五年もたてば、通貨が統合されたり、分裂したり、切り下げられたり、さらにはなくなることとすらあるのだから、目の前の物価や通貨価値を半世紀も前のそれと比較する効果は限られている、と述べた。費用や賃金が一様に上がったり下がったりすることはまれなので、そのようなことをしても何も分からないのだ。一九二三年のドイツで行われたように、通貨が物理的に印刷されたり、信じられないほどの数量で流通したりすることはもはやないだろうが、電子時代における不正な赤字支出に対する今風の表現でもある「量的緩和」は金融の規律に対する攻撃でもある、と彼は述べている。国の赤字の原因が何であれ、たとえそれが人々の貯蓄や年金、さらには自信や信頼にどれほどの影響を与えようとも、印刷機こそが政府予算を均衡させるための最高のラストリゾートだ、と立派な指導者たちは今でも考えている。最良の教材の一つが第一次世界大戦後のドイツである。自国通貨に対する人々の信頼が低下すると、消費が急がれ、流通速度が上がり、物価は上昇し、そしてさらなる通貨が必要になることを、この国は実践して見せたのだ。ドイツでの惨劇は、一九二三年時点で一イギリス・シリングが一〇億ドイツマルクと交換されたという事実が見事に説明していよう。

ドイツ人にしてみれば、最大の過ちはドイツマルクを信頼したことであろう。大半のドイツ人はその価値が崩壊したあとでさえ、マルクを信用し続けたのだ。つまり、物価が上昇したとき、人々はマルクがかつて持っていた安定した購買力を求めるのではなく、日用品を買うためのさらなるマルクを要求したのだ。それゆえ、マルクは際限なく印刷され、通貨とそれに対する人々の信頼は完璧なまでに崩壊してしまったのだ。近年では、外国為替や海外旅行に関するニュース、または外電によって通貨が弱いという現実が表沙汰になるので、このような信用は低下し、通貨に対する人々の信頼も薄れ始めている。

第一次世界大戦後のドイツでは、通貨を印刷することで戦争賠償金を賄うという政府の判断がハイパーインフレを招来した主たる誤りであった。だが、現代とは異なり、極めて少数の知識人を除いて、ドイツ人たちは自分たちの大切なマルクが下落していることを示すような情報からは隔絶されていたのだ。戦争中、ドイツの証券取引所は閉鎖されていたので、ライヒスバンクの政策が債券や株式にどのような影響を与えているかは分からなかったのだ。また、外国為替は公表されなかったので、アムステルダムやチューリッヒなどの中立国の市場との接触がなければ、何が起きているかを知ることはできなかった。消費財の供給が不足し、闇市での価格が急騰した戦争中にはすでに戦後のハイパーインフレの前触れがあったのだ、と言えるかもしれない。その後、ドイツに対して巨額の賠償金を命ずるベルサイユ平和条約によって、ドイツが負債を支払うために通貨の追加発行を決定するという通貨破滅の舞台が整ったのである。

利益や貯蓄の購買力が霧消したことで多くの貧困者を生み出した壊滅的なインフレ下でさえ、勝者が存在していたことは特筆に値する。闇市を取り仕切る者たちや密輸業者や投機家たちは、悲劇と浮かれる人々でごったがえすカフェを描いたグレタ・ガルボの映画『喜びなき街』に出てくるかのようにわが世の春を謳歌した。戦後株式市場が再開すると、下落する通貨を株価が上昇している企業の株式に転換することで、インフレに対応する機会が生まれた。法を犯すことを厭わない者たちやマルクをスイス・フランに変えていた者たちは富を保全することができた。企業は輸出品の請求書を過少に記載し、外国の顧客には差額を海外の銀行口座に振り込むよう求めることで国外に外貨をため込んだ。米ドル、スイス・フラン、オランダ・ギルダーが最も好まれた外貨だが、チェコ・クラウンも人気があった。スイスの銀行には、オランダとスイスの貿易量には不釣り合いなほどオランダ名の預金があったが、これは政府の管理を回避しようとする不正行為があったことを示している。おそらく、ドイツ人がオランダ名で隠したのであろう。また、不動産や工場の株式を外貨で買い上げた外国人たちにも大きな利益があった。

ドイツで最も裕福で、力のある実業家と考えられているフーゴ・シュティンネスは、同国産業の六分の一以上を支配するとされるビジネス帝国を手にしていたが、その大半はインフレ期に築いた礎の上にあった。彼は、インフレは望ましく、人々の雇用を保証する唯一の手段だと述べている。

ドイツの田舎の土地所有者や農夫たちは、自分たちの食糧を自ら生産しており、また小売店と同様に価格を引き上げたので、ほとんど影響を受けることはなかった。住宅ローンを抱えていた者たちも、価値が下がり続ける通貨で支払うことができたので、大きな利益を得た。一九二二年六月には、ある投機家がディーラーから一〇〇トンのトウモロコシを八〇〇万マルクで購入したが、一週間後、現物が引き渡される前に、彼はそのすべてを同じディーラーに倍の価格で売り、多額の利益を上げた、という事例もあった。その後、彼はそのお金を使って、新たに取得した豪邸をアンティーク家具で飾り立て、ベルリンで三丁の銃と六着のスーツ、最高級の靴を三足購入し、それから八日間にわたって街を満喫したのだ。多くの者たちが、住宅や設備や原材料など価値を保全できる資産を買うことで、紙幣の切り下げから自らを守っていた。だが、固定給で働く者や、実物資産に乗り替えるという知恵のなかった者たちは大きな損害を被ったのだ。

一九四五年に第二次世界大戦が終結すると、占領軍による統制経済が続き、戦争による荒廃は徐々に薄れ、安定が戻ってきた。インフレは一〇年のうちに一桁の水準にまで低下した。一九五七年以降、ドイツのインフレが八％を超えたことは一度もなく、ほとんどの年が一桁の水準である。一九五七年から一九八七年の三〇年間、ドイツの消費者物価指数は八％からゼロ以下のデフレ領域の範囲にあった。次の三〇年間、つまり一九八七年から二〇一七年までの期間にはインフレは最大で六％を少し上回っただけで、多くの年でゼロを下回った。ドイツにおけるインフレに関して最も重要な展開は、一九九九年の初めにユーロが導入されたときのことである。実際にユーロ紙幣と硬貨が流通し始めたのが二〇〇二年で、ドイツはマルクをユーロに置き換えたのだ。一九九〇年代初頭にヨーロッパの共通通貨導入が議論されたとき、当初ドイツは、マルクが極めて安定していることは判然としていたので、それを認めることに及び腰になっていた。新たな通貨同盟に加入するすべての国は、財政赤字を自国のGDPの三%以下、負債比率をGDPの六〇%以下、インフレを低くし、金利はEU(ヨーロッパ連合)の平均に近づけることが求められた。これによって、新通貨を導入するすべての国の政府の財政規律が高められることになった。ドイツは新通貨を受け入れた最初の国の一つとなり、マルクは二〇〇一年一二月三一日に法定通貨として地位を正式に失ったのだ。二〇一八年、六〇歳以下の人々は、過去に悲惨なインフレがあったことを両親から聞かされているかもしれないが、物価が比較的安定した時代に生きている。その年のインフレは平均二%以下だったのだ。

ドイツの現状と欧州危機

今日のドイツの経済状況と、第二時大戦後のターニングポイントとなった当時とを比べると、多くのドイツ人の生涯において驚くほどの変化があったことが分かる。今日、われわれは素晴らしいインフラストラクチャーに囲まれた現代ドイツを目にしているが、第二次世界大戦後のドイツ復興は簡単なことではなかった。人口の八％に当たるおよそ七〇〇万人のドイツ人が命を失い、住宅や工場は甚大な被害を受けていた。それから、ポーランドやソ連に奪われた領土を追放されたドイツ難民の問題があり、彼らを縮小してしまったドイツ領土に受け入れなければならなかった。さらに、戦勝国に奪われた特許を含むテクノロジーや科学的ノウハウを失っていたのだ。

一九四七年半ばになると、非ナチ化の成功や冷戦の勃発による政策の再構築が行われ、ドイツはアメリカやその同盟国から紛争時にはパートナーとなり得ると考えられるようになった。また、ヨーロッパの経済復興はドイツ産業界の再活性化にかかっているという認識が高まった。通貨改革の問題もあった。東部にソ連が支配する傀儡国家が建設されると、西側も独自の道を進まざるを得なくなった。一九四七年、欧州復興計画として知られるマーシャルプランが始まり、何十億ドルもの資金がドイツとほかのヨーロッパ諸国に投じられた。一九四八年、ドイツマルクが占領軍通貨にとってかわり、西側占領地域の通貨として導入された。西ドイツ経済は急速に復興し、一九五〇年代半ばには失業率が大幅に低下、トルコ移民が流入して労働力不足を埋めるようになった。西ドイツは工業生産の見事な成長により好景気に突入したのだ。当初、賃金の上昇は緩やかだったが、一九四九年から一九五五年にかけて八〇％以上上昇した。これによって、一九五七年に始まった社会保障も加わり、人々の生活水準は劇的なまでに向上した。同時に、ドイツ・レンダーバンクにかわり、新しい中央銀行であるドイツ連邦銀行が設立され、金融政策に対してより大きな権限を与えられることになる。

一九六〇年代、経済成長が減速する。その結果、政治的な再調整が行われ、政府と中央銀行がより緊密に経済を主導することになる。一九六七年、ドイツ連邦議会は安定成長推進法を通過させ、財政政策の効果を高めるべく、連邦および地方予算案を協調させることが認められた。またこの法律で四つの基準、「黄金の長方形」が設けられたが、これは今日経済的成功の指標として用いられるものである。つまり、通貨の安定、経済成長、雇用水準、貿易収支である。このときにケインズ流の政策が採用され、社会保障が大いに拡大したが、財政の伸縮性が低下する結果となり、一九七〇年代初頭になると経済の低迷期には効果がないことが明らかとなった。これらの政策の立案者であるシラーは一九七二年に辞任し、二年後にヴィリー・ブラントがあとを継いだ。ブラントの後任であるヘルムート・シュミットは一九七三年から一九七四年の原油価格の高騰に直面し、西ドイツのＧＤＰは停滞してしまう。その後、一九七六年には西ドイツは再び成長を示し、インフレ率は低下した。

一九八〇年代初頭になると、成長は減速し、失業が増えたばかりかインフレも上昇し、シュミット政権はうまくいかなくなった。シュミット政権が崩壊すると、ヘルムート・コール率いる政権があとを継ぎ、財政支出を削減し、減税を行って経済における政府の役割を縮小させることで経済を回復させたが、政府による規制を削減したことで経済、とりわけ労働市場の柔軟性が増すことになった。最も重要なことは、国有企業の株式を売却し民営化を図ったことである。一九八〇年代、雇用はほとんど増大せず、インフレもあまり変化しなかった。経済がさらなる急成長を示したのは一九八〇年代後半になってからのことである。そして一九八九年、分断国家としての西ドイツは、東ドイツとの統合により終わりを迎えた。これによって、東ドイツを再生させるために何兆マルクもが費やされることになったのだが、二〇一一年になってもうまくいかず、東の失業率は高いままだった。これは東ドイツの労働者に与えられていた高度な福祉と失業保険とが彼らの働く意欲を削いでしまったからだろうと多くの者たちが考えている。この間、統合後のヨーロッパは、ドイツを初期のメンバーの一つとして、その形を成し始めた。

一九八九年のベルリンの壁崩壊による政治的大混乱と一九九〇年の東西ドイツ統一、そして中央および東ヨーロッパでの共産主義体制の瓦解によって、ヨーロッパ連合は拡大の途についた。一九九三年には、「四つの自由」つまり、商品、サービス、人々、資本の移動の自由が定められた。一九九〇年代、数多くの合意や条約が締結され、ヨーロッパ連合の加盟国が増加し、旅行の自由も定められた。

好調な輸出のおかげで、ドイツはユーロの恩恵を受けていた。だが、強いユーロは、ギリシャやポルトガル、アイルランドやスペイン、キプロスなどいくつかのEU加盟国にとっては不都合であった。彼らはヨーロッパ中央銀行やIMF（国際通貨基金）の援助がなければ、政府の債務を返済したり、過剰債務を抱えた銀行を救済することができなかったのだ。二〇一〇年、EFSF（欧州金融安定ファシリティ）とESM（欧州安定メカニズム）が発足し、金利を引き下げ、ヨーロッパの銀行間の資金フローを維持するため一兆ユーロ以上の低利ローンが提供されることになった。また、二〇一二年、ECB（欧州中央銀行）は救済計画に含まれるヨーロッパ域内のすべての国家に無制限の援助を与えると発表した。ギリシャやスペインの高い失業率や財政赤字の増大で、金融危機によるマイナスの影響はヨーロッパ全域に広まったのだ。だが、ヨーロッパを襲った金融危機は、実際のところドイツにはプラスに働き、金利がほとんどゼロではあっても安全性に優れたブンズに投資家が殺到したことで、ドイツは二〇一一年末までに九〇億ユーロ以上を稼ぎ出したとみられている。

最も重要なことは、ドイツは財政赤字を削減してきたことで、二〇一四年後半までに、連邦および州政府では支出よりも収入が上回ることになったという事実である。二〇一五年、ドイツは一九六九年以来初めて、黒字予算を計上したのだ。

二〇一二年から二〇一三年にかけて、ＥＣＢは金利を歴史的水準にまで引き下げ、二〇一三年一一月には〇・二五％となったが、その後も引き下げが続いたことで、銀行はより低い金利で貸し付けを行うことができた。これらすべての歴史的展開によって、ドイツ人の収入は財やサービスのコストをはるかに上回る速さで増大したため、同国は事実上デフレ・モードに入ったのだ。

ユーゴスラビアのハイパーインフレ

一九八九年八月、ユーゴスラビアは八〇〇%にも達したインフレに立ち向かうために新たな通貨を導入する計画だと伝えられた。一九六五年に行われた前回のデノミでは、一〇〇旧ディナールが一新ディナールに置き換えられた。米ドルとの為替レートは一年前の三〇〇〇から二万八九〇〇へと大暴落していたのだ。国立銀行は新たに五〇万ディナール紙幣を印刷していたが、その価値はもはや一七米ドル以下となっていた。その後、国立銀行は一〇〇万ディナール紙幣の準備を始めた。

国家が分裂の危機に瀕するまでに、同国ではすでに年七五%を超えるインフレを経験していたのである。その後、セルビアの指導者が国家財産を横領し、一五億ドルもの資金を友人や関係者に融資していたことが明らかとなる。その結果、政府は債務返済に充当するために、過剰な通貨を乱発し始めた。

あっという間にハイパーインフレが発生し、実際に物価は毎日二倍になる始末であった。あるとき、インフレ率が月に三億%にも達した。その結果、人々は現金を見かぎり、物々交換に走るほどの混乱を来した。最終的に政府が通貨をドイツマルクに置き換えたことで、事態は鎮静化したのだ。

日々、紙幣の減価に頭を悩ませなければならなかった買い物客や、電卓ではどうにもならないほど大きな金額を扱っていた会計士たちにとってはまさに悪夢であった。

ジンバブエのハイパーインフレ

二〇〇七年、ジンバブエはもはやインフレ率を算出することが不可能となったと伝えられた。というのも、人々が物資を退蔵し、切り下げられる通貨をできるかぎり早く処分しようとした結果、店舗にはほとんど商品がなく、価格の比較ができなくなってしまったのだ。ＣＳＯ（中央統計局）のモファト・ニョニ局長は、公式市場での商品不足によって財の価格など必要となる情報が入手できないため、信頼に足る前月のデータを集めることが不可能だったと述べた。一一月になってＣＳＯからリークされた情報によれば、一〇月のインフレは一万四八四〇％にも達し、八〇〇〇％という九月の数値のおよそ倍にもなっていたのだ。

ロバート・ムガベ政権が商品の価格を仕入れまたは生産価格よりも低くするよう企業に

強要していたため、店舗の棚はあっという間に空っぽになった。さらに、ビジネスマンたちは「過剰請求」のかどで逮捕されたり、合法的な略奪の騒ぎのなかで、兵士や警察や国のスパイなどに襲撃されたりしていた。

二〇〇八年二月になると、ジンバブエ準備銀行の総裁が二〇〇七年一一月におけるインフレの公式な数値は二万六四七〇％に達したと発表した。また、二〇〇七年に経済は六％縮小したとも発表した。彼は、信用を維持し、適切な事業計画を可能にするとの理由からインフレ統計を適切な時期に公表しなかった政府を非難したのだ。

ザイールのハイパーインフレ

一九九五年、ザイールのインフレは年九〇〇〇％に達したが、これは政府がマネーサプライを絞った結果、前年よりも若干改善された数値であった。だが、腐敗した政府の役人や銀行家たちの命令のもと三〇トンものザイール紙幣を運ぼうとしていた飛行機がキンシャサの空港で発見されるなど、現金の制限を実施するにはいくつもの問題があった。ザイールの紙幣は少なくとも公表値の五倍は刷られていた。彼らはその紙幣をブラックマーケットに流す計画だったのだ。彼らは逮捕され、突如現金が経済に投入されなくなったことで、銀行は流動性を欠き、もはや機能しなくなってしまったので、公務員や軍人たちは給与を受け取ることができなくなったのである。

第6章　マネーサプライとインフレ

貨幣的現象としてのインフレ

マネタリストのミルトン・フリードマンは、「インフレとはいついかなる場合も貨幣的現象であり[36]」、中央銀行が流通する通貨量をコントロールすることで管理できるし、そうすべきだと主張した。彼は、インフレは中央銀行が一定の割合で通貨を増大させることで管理が可能であるのだから、中央銀行が求めるインフレが高ければ高いだけ、通貨の増加率も大きくなると言ったのだ。一九八〇年代前半、ＦＲＢ（米連邦準備制度理事会）議長のポール・ボルガーはマネーサプライの増加率を低下させることで、一〇％程度のインフレを三・五％まで引き下げようとしたようだ。だが、この理論が安定的に機能しないことが後に判明し、通貨の増大目標は放棄された。つまり、フリードマンの理論は、彼が生きている間は人気を博したが、正しくないことが示されたのである。私は、彼が香港の満員の聴衆の前で、マネーサプライだけでなく、自由市場についての自らの理論を詳しく説明するのを聞いたことがある。そのとき彼は、香港が世界で最も自由な市場の一つであると考えていると言ったのだ。

マネーサプライとは何か

全世界のマネーサプライがどれほどかを知っている者はいない。暗号通貨の隆盛が問題をさらに深刻なものとしている。マネーサプライのデータは政府、たいていはその国の中央銀行によって記録され、公開される。それらの数値は多くの経済学者たちによって注意深く検証されているが、インフレの予測に対するマネーサプライのデータの重要性に疑問を呈する者もいる。むしろ彼らは、インフレは経済の流通機構のなかに見いだすことができると言う。彼らはまた、マネーサプライに関して講じられる措置は意図したものと反対の結果になるのではないかと疑問を呈している。資源が十分に活用されない不景気のあとでマネーサプライを増大させると、実際に増加するのは生産であって、インフレではないと彼らは言うのである。また、貨幣の流通速度が変わってしまえば、マネーサプライの増大にはまったく効果がないのだ。

マネーサプライを計測する

マネーサプライを測る方法は「狭義」から「広義」までいくつか存在する。狭義の方法では、最も流動性の高い資産、または最も容易に消費に充てられるものにだけ焦点が当てられる。つまり現金と当座預金が含まれることになる。広義の基準では、狭義のマネーサプライに加えて、譲渡性預金のようなすべての種類の資産が含まれる。経済学者たちは、通貨をどう定義すれば政策に最も有益か、またどれが最も重要な影響を持っているかについて議論している。

マネーサプライの定義による通貨はそれぞれ「M」に分類されるが、「M」にはM0（最も狭義）からM3（最も広義）まである。

部分準備銀行制度を通じた信用創造

市場のなかにどれだけの通貨があるかを正確に測ることの難しさは部分準備銀行制度によって増幅されている。これは、銀行は自分たちが貸し出している金額の一部に相当するお金しか金庫に保持しない、というものだ。銀行が貸し出しにどれほど積極的かによって、市場のなかでどれだけの通貨が流通するかが決まる。このプロセスを正確かつタイムリーに計測することは不可能なのだ。

中央銀行は「緩和」または「締め付け」政策を実行することでマネーサプライを調整しようとする。「緩和」シナリオでは、中央銀行は新たな支払準備金を創造し、銀行が貸し出しを増やせるようにする。貸し出しが行われると、その資金は別の銀行に預けられるわけだが、そのうち準備金として取っておく必要のない資金は再び貸し出されることになる。このようにして乗数効果が働き、貸し付けと銀行預金とが当初投じられた準備金の何倍にもはね上がるのだ。だが、中央銀行が引き締めを行おうとするときには、国債などの有価証券が売られることになり、金融制度から現金が吸い上げられることになる。緩和するためには、このプロセスを逆転させ、債券などの有価証券を買うことで、金融制度に資金を供給することができる。国債などの有価証券を公開市場で売却することで市中銀行による貸し出しを鈍らせることになるが、そうして金融制度からお金を引き上げるわけだ。想像がつくと思うが、このプロセスは極めて不正確で、そのインパクトを計ることは不可能とは言わないまでも困難である。

一九九〇年代後半、経済学者の間では、中央銀行が特定の失業率やインフレ率を達成するために流通させるべき通貨の量を予想することができるかどうかが大いに議論された。ミルトン・フリードマンなどの経済学者たちは、マネーサプライを規制する必要性を認めながらも、中央銀行は常に間違いを犯すので、インフレ率などの経済統計の変化に基づいてマネーサプライを管理しようとしないほうがよいだろうと考えていた。彼らは不干渉主義的なアプローチを提唱しており、経済の現状とは無関係に、あらかじめ定めた割合でマネーサプライを増やすのが最良の方法だとしている。

貨幣錯覚

一九二八年に出版された著書『貨幣錯覚（The Money Illusion）』（日本評論社）でアー

ビング・フィッシャーは、米ドルを含めたあらゆる通貨の購買力がいかに不安定なものかを示そうとしている。ドルが金（ゴールド）に固定され、定められた重量の金との兌換が可能であった時代ですら、ドルで取得できる財やサービスは安定していないことを彼は指摘した。それゆえ、おそらくは貨幣錯覚が存在するのだ、と。この本で彼は、次のような大前提を述べている。通貨の流通量が財の流通量に比べて増大すれば、価格水準は上昇する。反対に、マネーサプライが減少すれば、価格水準は下落する。前者がインフレであり、後者がデフレだ。そして、物価指数は、そのときどきにどちらが進行しているかを明らかにする。

この本のなかで彼はこう主張した。「……通貨の流れには大きなばらつきがあり、財の流れのばらつきは比較的小さい。とりわけ一人当たり、つまり人口に照らしてみるとなおさらである」。フィッシャーは、「財の流れ」は新製品の登場ばかりでなく、財の品質や機能の変化によっても変化し続けるという事実を取り上げなかった。フィッシャーが指摘したのは、かつて年二〇〇〇ドルを得ていた人物が四〇〇〇ドルを手にするようになっても、彼が購入するあらゆる財の価格が二倍になっていたら、暮らし向きは以前と変わらない、ということだ。その日のドルでは、かつてのドルの半分しか買い物ができないが、今は二倍のドルを手にしているので、実際の条件は変わっていない、というわけだ。もちろん、ここでは彼がその日に購入する財の品質や種類はかつてのものと変わらないと前提されているわけだが、そのようなことはあり得ないことをわれわれは承知している。第一次大戦後のドイツのような物価が何十億倍にもなるハイパーインフレ下でも、通貨量や収入が何十億倍になることもあるが、そのようなケースは多くはない。つまり、実際の条件は人々が考えているものとは異なるのだ。

フィッシャーは、ドルの下落や上昇の影響について述べている。下落したドルでは一〇年前よりも少ない量の買い物しかできず、また購買力という点で価値が低減した結果、債券の価値も下落するので債券保有者たちに不利益をもたらす。だが、反対に、債券を発行し、その金利を支払わなければならない借り手は、支払金利の価値が低下していることから利益を得ることになる。そして、通貨の下落による物価水準の上昇は経済に刺激を与えるが、通貨の上昇と物価水準の下落は経済を圧迫することになると結論する。理論上、あらかじめ契約によって固定された賃金がすぐに上昇することはないので、製造業者は価格を引き上げはしても、それに合わせてより多くのコストを支払う必要はないのだ。

信用が通貨である

一九八五年の著書『ファニー・マネー（Funny Money）』でマーク・シンガーは、一九八二年に破産したオクラホマシティのペン・スクエア・バンクについて記している。アメリカの銀行業界に衝撃を与えた同行の破綻は、最終的に全米最大の銀行の一つであるコンチネンタル・イリノイ銀行の破綻へとつながっていく。一九八二年末までに、アメリカの銀行はあまりに多額の預金を抱えすぎたため、当時リスクが高いと考えられていたメキシコやブラジルやベネズエラやアルゼンチンなどの国々に何十億ドルもの貸し付けを行っていた。ある時点で、全米上位一〇行の途上国への貸し付けは自己資本の一・五倍以上となっていた。当時はまた、原油価格が上昇を続けていたため、銀行は石油ガス業界に積極的な貸し付けを行っていた。だが、これがやがて無鉄砲な貸し付けへとつながり、またペン・スクエアのような小規模の銀行は自社が保有する債権をコンチネンタル・イリノイなど大規模な銀行に売却していった。オクラホマシティの銀行本部では銀行員の知り合いのサインがあるというだけで、担保のあいまいな貸し付けやずさんな審査による貸し出しが行われていたのだ。一九八四年にコンチネンタル・イリノイ銀行が破綻すると、上流にある銀行群は一〇億ドル超に上る貸し付けの半分以上を償却することになってしまった。これこそが銀行によって創造されていた通貨であるが、もはや消えてなくなってしまったのだ。一九八四年のコンチネンタル・イリノイのケースでは、同行は一二億ドルも失ったのだ。この物語や他の多くの銀行破綻の逸話は、無からお金を生み出すことは可能であり、実際のマネーサプライがどの程度かを予測したり、日々正確に測定することは不可能である、という事実の証しである。

紙幣の崩壊

二〇一一年の著書『ペーパー・マネー・コラプス（Paper Money Collapse : The Folly of Elastic Money and the Coming Monetary Breakdown）』で、オーストリア学派経済学者にして世界的な投資家でもあるデトレフ・S・シュリクターは、金融システムの不安定さの根本的な原因は、金（ゴールド）のようなコモディティ通貨とは対照的な、制限のない紙幣にある、と述べている。人類の歴史において、紙幣制度は大混乱のうちに崩壊するか、通貨が完全な混乱を来す前に金などに基づいたコモディティ通貨に社会が回帰するかしてきたのだ、と彼は言う。基本的に供給量が固定されるコモディティ通貨制度とは対照的に、弾力的で、一貫してマネーサプライが拡大する紙幣制度は本質的に不安定であり、経済的混乱を引き起こすことになる。世界中の紙幣を支持する者たちは的外れで、とりわけ経済を刺激するために紙幣の発行を加速させるという政策はやがて大惨事につながるであろうと彼は述べている。コモディティ通貨が常にかなり安定した交換手段として機能してきたという歴史的事実がある一方で、国家による紙幣の歴史は物価水準の安定性という点から判断すると大惨事であった。非弾力的なコモディティ通貨を国家が発行する紙幣に置き換えれば、必ずインフレが上昇する結果となるのだ、と彼は続けた。

二〇〇八年の投資銀行リーマン・ブラザーズ倒産を含む近年の金融危機について述べるなかで、彼は、FRBがどのようにして、一九一三年の創設以来生み出してきた通貨量のおよそ二倍にもなるまでマネーサプライを増大させてきたのかを指摘している。FRBは、先の好況期のずさんな融資判断の結果、銀行のバランスシート（貸借対照表）に計上されていた多額の不良資産を自らのバランスシートに付け替えるために一兆ドルもの新たなお金を使ったのだ、と彼は記している。紙幣を刷ることはFRBにとっては費用がかからないことなのかもしれないが、社会にとってはそうではない、と彼は結論した。弾力的な通貨がもたらす影響は、進行するインフレと通貨単位当たりの購買力の減少に見て取れる。二〇〇八年に金融危機が発生するまでの五〇余年において、アメリカの工業生産はおよそ五倍に増大したが、同期間におけるドル紙幣および硬貨の流通量は二六倍にも増えており、ドルの購買力は八六％ほど失われた。通貨のほとんどはＦＲＢばかりでなく、銀行によっても創造されていると彼は説明する。マネーサプライには流通する通貨に加え、銀行の要求払い預金、定期預金、マネー・マーケット・ファンドなども含まれるので、ＦＲＢは銀行に特定の形式の通貨を創造する許可を与えていることになるわけだ。それらマネーの八〇％ほどは銀行のバランスシートに計上されているものである。バランスシートに計上されるそれらの残高は、顧客が求めれば法定通貨に転換すると銀行が約束しているものであるから、ある種の通貨と見なされるのだ。この部分準備銀行制度こそ詐欺だ、と彼は述べている。預金者は銀行に自らの貯蓄を預け、かわりに預かり証を受け取る。彼らは銀行が融資を行う過程でより多くの預かり証を発行しており、最終的には、預かり証を有するすべての人々に払い出すために銀行が保持している額をはるかに上回る金額の預かり証が世に出回っていることを知っているのだ。だが、銀行はこの信用創造の過程で得た利益の一部を預金者たちと共有するので、それが預金者がこのゲームに参加するインセンティブとなっているのだ。

ドルの死

著書『ザ・デマイス・オブ・ザ・ダラー（The Demise of the Dollar）』と「ショート・アンハッピー・エピソーズ・イン・マネタリー・ヒストリー（Short Unhappy Episodes in Monetary History）」という題の論文で、アディソン・ウィギンは九世紀中国の「飛銭」（前出）を取り上げているが、これが政治的な思いつきに振り回されるものであることが分かり、消費者物価を悲惨なまでにつり上げてインフレを引き起こしていたので、中国人は数百年後に見切りをつけていると指摘している。彼は、通貨の供給量が増加の一途をたどる「弾力的な通貨」という同じテーマが現代のインフレにも見て取れると記している。ほかの例として次の事例が取り上げられている。それが一七一七年から一七二九年のフランスにおけるジョン・ローの構想で、そこでは紙幣の価値が九〇％も失われた。エイブラハム・リンカーンが南北戦争の戦費を賄おうとしたことでインフレが引き起こされ、その結果、アメリカ人は一九一三年まで紙幣を拒絶した。一九四三年のアルゼンチンにおけるペロンによるクーデターでは紙幣が導入され、金準備が破棄された。また、本書でも取り上げたワイマール期のハイパーインフレにも触れている。

金本位制

一八二一年、各国は自国通貨の価値を金（ゴールド）で裏付けする体制を開始する。イギリスのポンド・スターリングは四分の一オンスのゴールドの価値があるとされ、米ドルは二〇分の一オンスとされた。日本では明治政府が一円には一・五グラムの純金と同じ価値があるとした。貨幣価値を固定したこの方法によって、外国為替も金平価に固定されることになる。だが、政府が自分たちの発行したすべての通貨を金準備を持って裏付けることができない場合が問題となった。やがて、第一次世界大戦の軍拡競争を賄うために必要な通貨発行に、金生産が間に合わなくなった。米ドルは金準備と結びついており、イギリス・ポンドは金（ゴールド）および米ドルに結びついていた。他国の通貨はポンドの外貨準備に裏付けられていた。つまりポンドと米ドルが世界の金融制度の鍵だったのだ。第二次世界大戦後、ブレトンウッズ協定によって、一オンス三五ドルで金と兌換される体制が生まれた。他国通貨の為替は米ドルに対して設定された。戦後のヨーロッパやアジアでは米ドルに対する需要が高かったので、他国通貨に対する米ドルの価値は高まることになった。だが、一九七〇年代までに債務の増大したアメリカは金融緩和（通貨の追加発行）に乗り出したので、一九七三年にオイルショックが起こると、インフレが劇的に高まり、金本位制を脅かした。その後、二度目のブレトンウッズ協定で変動相場制が導入され、各国政府は自国通貨の価値を互いに、自由に設定することができるようになった。それゆえ、現在の世界市場では、各国は秘密裏に、または堂々と米ドルや他国通貨に対して自国通貨の価値を上げたり下げたりすることができる。この機会を利用している国の最たる例が中国で、彼らは米ドルに対して自国通貨を安く維持し、外貨準備を増大させている。中国の輸出が増大したことで、アメリカは中国に対し巨額の貿易赤字を抱えているのだ。

暗号通貨の世界

暗号通貨の隆盛がマネーサプライの測定をさらに難しくしている。暗号通貨はデジタルメッセージとして存在しているが、その発行者はほかの通貨と同様にそれが交換媒体になることを期待している。強力な暗号化技術を用いることで、確実に安全な金融取引を行おうとしているのだ。伝統的な通貨との違いは、その電子マネーとしての存在に加え、中央集権的に通貨を管理する者、または中央銀行制度が存在しない分散制御にある。もちろん、そのような分散制御システムが開発・維持し得るのかが問題となる。それを行っているのがいわゆるブロックチェーンで、各参加者が「ブロック」としてチェーンのように連結され、参加者によるすべての取引がチェーンの他の全メンバーによって共有されるのだ。これは、透明性と安全性の確保を目指した、公共の金融取引データベースとなっている。チェーンのすべてのメンバーが帳簿にアクセスすることが可能なのだ。最初のオープンソース・ソフトウェアであるビットコインが発表されたのが二〇〇九年だが、二〇一九年時点で、すくなくとも四〇〇〇の暗号通貨が存在すると言われている。

通常の通貨制度では中央銀行が供給量を管理するが、暗号通貨の世界では、巨大な処理能力を有するコンピューターでのみ可能となるような複雑な数式を解くことで個人または企業が新しいユニットを発行することができる。ほとんどの暗号通貨が、流通する通貨の総量を明確に制限しているので、数量不足という魅力とそれゆえの価格高騰がユニットの魅力を決める重要な要素となっている。もちろん、そこに何があるのかを承知している者はいない。

最初に名を馳せた暗号通貨であるビットコインの起源は二〇〇八年一〇月までさかのぼることができるが、当時、経済界は投資銀行リーマン・ブラザーズの崩壊とその後の金融不安とに恐れおののいていた。そのようなときに、「サトシ・ナカモト」というだれも見たことも会ったこともない謎の人物が暗号化に関する掲示板に論文を投稿した。「私は完全にP2P（ピアツーピア）で、第三者機関にまったく頼らない新たな電子マネーシステムの開発に取り組んできた」と彼は記した。ナカモトは自らのシステムの主たる特性を次のように説明している。「P2Pネットワークでは二重使用を防ぐことになる。造幣局も第三者機関も存在しない。参加者は名前を伏せることができる。新しい通貨は『ハッシュキャッシュ』に似たプルーフ・オブ・ワークによって運営される。新しい通貨を創造するために用いられるプルーフ・オブ・ワークによってネットワークが二重使用を防ぐことができるようになる」。『ビットコイン――ピアツーピア（P2P）の電子通貨システム――（Bitcoin : A Peer-to-Peer Electronic Cash System）』と銘打たれた九ページの論文は、そのスキームが持つ強みをあげ、次のような驚くべき結論に至っている。いわく「われわれは信用に依存しない電子取引のシステムを提案した」。

今日、ビットコインのウェブサイトを見れば、何か新しいものを創造しようと考えていることは明白だ。そのホームページの一番上に、新しい種類のお金です、と宣言しているのだ。そして、こう豪語している。「ビットコインは、中央当局や銀行を介さず、P2P技術を用いて運営されています。トランザクションやビットコインの発行管理は、ネットワークによって共同で実行されます」。その革新的要素を伝えるページで、ビットコインは次のように主張している。「ビットコインは、銀行を悩ます数々の信頼問題の解決策となります。透明性の高い会計、デジタル契約、取り消しができない契約という特徴をもつビットコインは、信頼と合意を取り戻すための地盤となります。不正な銀行が、ほかの銀行や一般市民を犠牲にして、利益を得るためにシステムを悪用することはできません。大手銀行がビットコインを支援する日が来れば、金融機関の信頼性と誠実性の回復に役立つ事でしょう」。論文では暗号化に対する信頼が不可欠であることは指摘されていなかった。

ビットコインのシステムは、実物資産ではなく暗号化とP2Pネットワークの組み合わせと説明されているが、所有者は一定量のビットコインに対するパスワードのようなデジタルキーを保有している。すべてのビットコインにはタイムスタンプが振られ、詐欺や偽のビットコインを回避するために、過去にそれを所有したすべての者たちに関するブロックチェーンの記録が含まれている。P2Pのネットワークは、その支持者たちの言葉を借りれば、ハッカーの攻撃が事実上不可能な分散型システムとなるのだ。ビットコインのシステムでは、使用可能なビットコインの総量はソースコードによって最大二一〇〇万ビットコインに固定されているという。新しいビットコインは、「マイナー」と呼ばれる者たちによって生み出されるが、彼らはコンピューター処理能力と運の組み合わせによって複雑なコンピューター上の問題を解くことでビットコインを手にするのだ。より大きな処理能力とそれらのコンピューターを機動させるための電力を必要とする「マイナー」の数が増大した結果、ベネズエラのビットコインマイナーがあまりに多くの電力を使用したことで停電が発生したなどという面白い事例もある。ビットコインのような暗号通貨が継続的に生み出されているということは、マネーサプライが世界規模で増大している、ということになる。

また、一種独特の損失が発生することもある。二〇一八年のとあるリポートによると、とあるコンピューターユーザーが、レモネードをこぼしてしまったために古いコンピューターのハードドライブを廃棄した。だが、そのハードドライブには、七五〇〇ビットコインのキーが入っており、その価値は七五〇〇万ドルにもなるものだったという。彼は、ハードドライブの回収を手伝うようゴミ処理場を担当する地元政府の役人を説得しようとした。このケースが特別ではないことは明らかだ。二〇一八年時点で、三〇〇万ビットコインが同じような原因で失われたと見積もられている。それらのビットコインが回収されたら、供給量や価格がどうなるか分からない。

七〇〇年が経過してなお、紙幣の運用について「判断を下すのは早すぎる」というのであれば、ビットコインが未来の通貨なのか、デジタル時代の詐欺にすぎないのかを判断するのに、一〇年という時間が短すぎるのは確かである。ひとつはっきりしていることは、ビットコインやほかの暗号通貨の価格はボラティリティが非常に高く、購入者たちは大儲けしたり、大損したりしている、ということだ。

暗号通貨の発展の最も重要な側面は、それがいかにマネーサプライの測定を台無しにするかということであろう。業界のウェブサイトであるコインマーケットウェブのデータによると、二〇一八年、すべての暗号通貨の時価総額は四一七〇億ドルほどになるという。すべての中央銀行からなるBIS（国際決済銀行）は、二〇一八年の世界の通貨の総量はおよそ五兆ドルと見積もっている。CIA（アメリカ中央情報局）によれば、「広義の通貨」を入れれば、総額は八〇兆ドルになるという。つまり、四一七〇億ドルの暗号通貨は圧倒的とは言わずとも、非常に大きな存在なのだ。だが、だれも現状や今後の展開を理解していないというのが現実である。

第7章　インフレを測定する

インフレの根本的な原因について経済学者たちの間で意見の一致を見ないのであるから、インフレの値そのものが議論の的になるのも当然であろう。ＣＰＩ（消費者物価指数）が最も広く用いられる統計だが、ＣＰＩ以外にもＰＣＥＰＩ（個人消費支出価格指数）、ＥＣＩ（雇用コスト指数）、ＰＰＩ（生産者物価指数）、ＨＩＣＰ（消費者物価調和指数）などインフレ指標は他にも存在する。

インフレ統計が信用できないのはなぜか

二〇一一年一月、ブレット・アレンズによるウォール・ストリート・ジャーナルのオンライン記事の見出しには「インフレ統計が信用できないのはなぜか」とあった。アレンズは、過去一二カ月間にＣＰＩが一・五％という非常に低い上昇しか示さなかったので、ウォール街の人々はインフレを心配していないと記した。さらに、変動の大きい食品や燃料費を除外すると、上昇率はたった〇・八％となった。多くの経済学者が賃金の上昇率が年二％に満たないことを指摘していた。いまだ多くの失業者が存在するなかで、人件費は長い間低いままであった。投資家が保有していた物価連動債は低いインフレ率を受けて下落していた。また、金（ゴールド）も価格が下落していたので防衛策とはならなかった。一〇年物のＴボンドの利回りはアイゼンハワー大統領が退任したときよりも低い、と彼は述べている。だが、インフレ統計は信用できないので、懸念すべきことはたくさんあると彼は警告している。過去三〇年間において、連邦政府は、民主、共和どちらの政党が政権を担おうともインフレの算出方法を変更させてきたが、それらの変更はインフレ率を平準化する傾向にあった。アレンズは、シャドー・ガバメント・スタティスティクスのジョン・ウィリアムズの発見を取り上げているが、インフレの算出に用いられる品目を変えずにいたら、インフレの数値は品目を変更した場合よりも高くなるとウィリアムズは述べている。つまり、ステーキの価格が上昇した場合、政府は消費者がより安価なハンバーガーを購入すると仮定して、ステーキをハンバーガーに置き換えてしまう。すると、物価は下がったように見えるわけだ。マッキントッシュのコンピューターの価格は「ヘドニック」を用いた技術的改善によって低下したのだ。統計が信頼できないもう一つの理由が、それがあと付けだというもので、すでに行ったことを記録はするが、これから起こりそうなことは記録しないことにある。国連の食物価格指数が新高値を付けたとき、原油価格は一バレル当たり九〇ドルほどに上昇していた。これら原材料価格の上昇はＣＰＩや翌月のスーパーマーケットの商品価格には反映されなかった。彼はまた、ＦＲＢ（米連邦準備制度理事会）がアメリカ経済の崩壊を防ぐために、追加のドルを世界中にあふれさせ、マネタリーベースを二倍にしていたのであるから、インフレの値は信用に値しないとも述べている。

インフレ測定の歴史

インデックスに関する研究は、一七〇四年にイギリスの聖職者ウィリアム・フリートウッドが行ったものが最初であり、彼は『クロニコム・プレシオスム（Chronicon Preciosum : Or An Account of English Money, the Price of Corn and Other Commodities for the Last 600 Years）』を出版している。彼がこの研究を行った理由は、オクスフォード大学が関係者に対し、個人収入が年五ポンドを超える場合は自らの立場から身を引くことを求めていたことにある。この要件は一四〇〇年代に記されたもので、その後の三〇〇年間で通貨の価値は減少しているのに、生徒や教師はその額を上回る収入を有しているからといって、誠実にこの宣誓に従う必要があるのかどうかが問題となったのだ。それゆえ、フリートウッドは一四〇〇年代から一七〇〇年代までの物価を検証し、トウモロコシ、食肉、飲料、そして布の四つのコモディティを一四〇〇年に五ポンドで取得できる数量を購入するには現在いくら必要になるかを計測したのだ。彼は、それらのコモディティの現在価値はおよそ二五ポンドになると結論した。それゆえ、三〇ポンド程度の収入が一四〇〇年代の五ポンドの収入に相当すると彼は述べたのだ。

インフレ調整という点に関して言えば、一七八〇年、マサチューセッツ州政府は「計表本位」に価値が連動する債券を発行したが、これは独立戦争に従軍し、それらの債券で報酬を得ていたために物価上昇によってその価値が下落することを恐れた兵士たちの不安を抑えることが目的であった。

インフレに関するより現代的な定義については、一九世紀末にこの問題を研究した経済学者のアービング・フィッシャーまでさかのぼることができる。ザカリー・カラベルの著書『経済指標のウソ――世界を動かす数字のデタラメな真実』（ダイヤモンド社）によれば、フィッシャーは「牧師の息子であり、強い倫理観と数学の素養を持っていた」という。彼は「経済にはパターンを見てとることができ、科学的現象として定量化することができる」と考えていた。彼はシカゴ大学の大学院生であったウェスリー・ミッチェルと一緒に、今日われわれが知っているような物価指数の原型を構築した。フィッシャーの論文は『マセマティカル・インベスティゲーションズ・イン・ザ・セオリー・オブ・バリュー・アンド・プライセズ（Mathematical Investigations in the Theory of Value and Prices）』にまとめられたが、その後、彼はこの本を大学院の講義で用いている。一九二〇年代の第一次世界大戦中、アメリカ労働統計局の仕事に不満を覚えたフィッシャーは、自分ならもっと良い仕事ができることを示すためにインデックス・ナンバー・インスティチュートを立ち上げた。

ミッチェルとフィッシャーが直面した問題は、いかに情報を集めるか、そして国のさまざまな地域における消費者の選好や習慣の変化にいかに対応するかであった。そして、人々が消費する財やサービスの「バスケット」としてどのような商品を選ぶかという問題があった。時間が経過するにつれ、人々は同じ一〇〇個の財を買い続けるのではなく、その選好は変化するのだ。これに対するフィッシャーの答えはさまざまな財やサービスにウエートをつけることであった。

バスケットに含まれる商品の価格、そしてそれぞれの価格変化の有意性は、家計がどれくらいの財やサービスを購入するかにかかっている。大量に消費される商品やサービスには、消費量のより少ないものよりも大きなウエートがつけられた。つまり、大量に消費される商品やサービスの価格変化は、消費量のより少ない商品やサービスのそれよりもCPIに与える影響が大きいということである。

消費者の行動を正確に反映させるために何を財のバスケットに含めるかを決定したら、次のステップはそのバスケットの価値を定期的に、月次ベースで計算することである。代表的な商品の価格変化に基づいて指数が毎月変動することになる。指数に含まれるすべての商品の価値が一〇%上昇すれば、インフレ率は一〇%ということになる。この方法の根本的な欠陥は、指数を構成する品目を、それ自体に誤りがある可能性のある消費者調査に基づいて変更することにある。

指数を構築する

二〇〇〇年代初頭のアメリカにおいても、ＣＰＩを構築するために最初に行われるのは、自国経済における「典型的な」消費者向けの財やサービスの「マーケットバスケット」を構築することである。調査対象となる八万以上の商品は、食品、住宅、衣料品、輸送、医療、娯楽、教育および通信、そして「その他」の主要な八つのグループのもと二〇〇のカテゴリーに分類される。商品のバスケットは、家計の購買パターンの変化に応じて数年ごとに調整される。アメリカ労働統計局の調査員たちが全米の家計にインタビューを行い、家計が実際に購入したものを洗い出し、最も購入量が多い個別商品が指数に含まれることになる。調査に加え、家計は自分たちの消費動向について日記をつけることを求められもする。バスケットに含められる価格やさまざまな価格変動の有意性は、家計が財やサービスをどれだけ購入するかに依存する。大量に消費される商品やサービスには、消費量のより少ないものよりも大きなウエートがつけられる。つまり、大量に消費される商品やサービスの価格変化は、消費量のより少ない商品やサービスのそれよりもＣＰＩに与える影響が大きいということである。

次のステップはそのバスケットの価値を市場価格に基づいて、定期的に、月次ベースで計算することである。代表的な商品の価格変化に基づいて指数が毎月変動することになる。指数に含まれるすべての商品の価値が一〇％上昇すれば、インフレ率は一〇％ということになる。

すべての指数には、その後のデータの比較対象となる「基準」日が必要となる。アメリカでは、CPIは一九八〇年代の物価水準が基準となり、その基準値が一〇〇とされる。その後、個別の価格変化に応じて一〇〇を上回ったり、下回ったりするが、商品のウエートを変えたり、指数に採用される商品が入れ替わったりもする。例えば、九年目のインフレ率を算出するためには九年目の指数値から八年目のそれを差し引き、その値を八年目の指数値で割ることで、インフレの変化率が得られる。

『ハンドブック・オブ・メソッズ・ビューロー・オブ・レイバー・スタティスティクス（Handbook of Methods Bureau of Labor Statistics）』によれば、アメリカ労働統計局（BLS）は、二〇〇〇年代初頭の段階で、毎月全米八八の地域のおよそ二万一〇〇〇件の店舗から七万点ほどの商品価格を収集している。これら八八の地域はPSU（一次サンプリング単位）と呼ばれる。八つのPSUを含む五つの大都市圏でも、毎月すべての商品の価格が収集され、ほかの地域では食品や燃料などいくつかの価格が収集される。その他の商品価格については隔月で収集される。さらに、ＣＰＩに占める住宅費の割合を調査するため、およそ四万のテナントや大家、そして二万ほどの住宅所有者からの情報も収集される。これらすべての個別価格は二段階でＣＰＩに統合される。まず、個別価格はおよそ九〇〇の層別に集計される。つまり、ガソリン価格に目を向けるとすると、ニューヨーク地域のガソリンスタンドにおける個別の価格が集計され、その地域のガソリン価格の指数が構築されることになる。同様のことが、新車、医師による診療費、女性の衣料、ひき肉など、ほかのすべての価格グループで行われる。これらのグループには同質のものもあれば、そうではないものもある。例えば、ひき肉などはどこでも同じだと言えるかもしれないが、それでも議論の余地は残る。医師による診療費など考えられる範囲が広いものもある。だが、リストアップされるすべての商品はすべての消費者の支出全体をとらえていると仮定されるのだ。だが、この段階ですでにバイアスが入り込んでいる。例えば、医療費には自腹の部分、言い換えれば、健康保険でカバーされない部分だけが含まれることになる、といった具合だ。

ジンとインフレ測定

ジンの歴史は、インフレの測定がいかに大きな問題に直面するかを教えてくれる。二〇一七年三月、イギリス国家統計局（ONS）は、インフレを測定するために用いる財のバスケットに含まれる新しい商品の一つとしてジンを取り上げると発表した。ジンが財のバスケットに含められるのは二〇〇四年以来初めてのことである。それ以前、ジンの価格は、最初は蒸留酒の一つとして、その後はジンそれ自体として一九五〇年代からずっと取り上げられていたが、その後「ワインおよび蒸留酒」のカテゴリーから漏れていたのだ。

二〇一五年、イギリスではジンの販売量がウィスキーを超え、二〇一六年には一〇億ポンド超の歴史的な売上高となった。二〇一七年、イギリスでは四〇〇〇万瓶が販売されたが、ジントニックにすれば一一億二〇〇〇万杯、イギリスの成人一人当たり二八杯の計算となる。当時、ジンはビッグビジネスであったばかりか、さまざまな香り付きの商品が誕生していた。レモンやコリアンダーやカルダモンなどを用いた商品が少量生産の高級ブランドで展開され、評論家たちは「ルネサンス」と呼んだ。人気が復活したことで、イギリス国家統計局は二〇一七年三月にインフレを測定するための財のバスケットにジンを加えることとしたのである。

だが、再びバスケットに含められたのはジンだけではなかった。自転車用のヘルメットも同じく十数年ぶりに取り上げられた。これはイギリス人がオリンピックとツールドフランスの両大会で優れた結果を出したことで、スポーツや娯楽としてのサイクリングの成長を反映してのことである。二〇一七年のバスケットに新たに含められたほかの商品としてチョコレートで半分コーティングされたビスケット、乳成分を含まないミルク、フレーバーウォーター、咳止めシロップ、子供用キックボード、ジグソーパズルがある。バスケットから除外された商品は、メンソールタバコ、水切りがひとつのシンク、自動車のブレーキパッド、携帯電話、子供用ブランコである。

財のバスケットは、長年にわたり消費者の消費動向がどのように変化してきたか、社会がどのように変化また進化してきたかを映す興味深いスナップショットとなってきた。一九四七年のイギリスのバスケットには、ウサギ、調理用油、ハード・キャンディ、ツイードのジャケット、コルセット、洗濯物を絞るゴム製のロール、肝油などが含まれていた。一九七〇年のリストには、クラッカー、五種類のベーコン（ミドル、バック、ストリーキー、カラー、ガモン）、小瓶入り黒ビール、ゴムの裏地がついたカーペット、化繊のズボン、女性用シャンプーセット、サッカーのチケットが含まれていた。

興味をそそられるものではあるが、イギリスの国家統計局や他国で同様の任に当たる政府機関は社会がどのように変化しているかを見るために、このようなリストを積み上げているのではない。財のバスケットを構築し、データを積み上げ、アップデートする目的は、経済における物価の変化率を正確に観察することである。だが、それは一見したよりも難しい仕事であり、間違いを犯せば重大かつ継続的な影響が出てしまいかねないものでもあるのだ。

ボスキン委員会

一九九五年、アメリカ上院はスタンフォード大学のマイケル・ボスキンを議長とした「消費者物価指数に関する諮問委員会」を立ち上げた。その目的は、アメリカ労働統計局によるCPIの算出方法にバイアスがかかる可能性があるかどうかを検証することであった。統計ではインフレが過大に示されており、そのことが政府の政策に重大な影響を与えているとの疑いがあったのだ。一九九六年後半、ボスキン委員会は、一九九六年にCPIはおよそ年一・一%、それ以前でおよそ一・三%過大に算出されていたとする報告を行った。一・三%を一〇年間にわたって複利計算すれば、その誤りは甚大である。指数は退職積み立てや補償積み立ての年間支払額の増額を算出するために用いられていたので、委員会の作業が持つ政治的側面は重要であり、とりわけ重要だったのが年金の支払額であった。委員会の調査結果は、アメリカ政府による退職積み立てへの支出額は必要以上に増加していたことを示していた。さらに重要なことに、将来の財政赤字の予想額も大きすぎるのだ。インフレが過大に算出されることで、二〇〇六年までに政府の債務が一四八〇億ドル、国家債務が六九一〇億ドル膨らむことになると結論されたのだ。

一九九七年、FRBのアラン・グリーンスパン議長は、CPIは年に〇・五%から一・五%ほど過大に算出されていると明言し、議会に対し修正を求めた。グリーンスパン氏は、FRBのエコノミストの調査でもボスキン委員会の調査結果が基本的に支持されており、修正が行われなければ、二〇〇六年までに年金ならびに連邦の補償プログラムの受給者に対して一四八〇億ドルを過大に支払う結果になると結論した。

ボスキン委員会のリポートによると、インフレ統計に見られたバイアスの原因は主に四つである。

1. 代替バイアス
2. 新店舗バイアス
3. 品質変化バイアス
4. 新製品バイアス

リポートによれば、代替バイアスは価格が変化し、消費者が高価な商品からより安価な商品に乗り替えるときに発生するという。新店舗バイアスは、データ収集に用いられる小売店のサンプルには元来含まれていない低価格のディスカウントストアに消費者が向かうときに発生する。品質変化バイアスは、燃料効率の改善や耐久性の向上など計測されることのない品質の改善がみられたときに発生する。新製品バイアスは、新製品が市場バスケットに含まれていないか、含まれても大きな時間のズレがある場合に発生する。これらすべてのバイアスによってＣＰＩは不正確なものとなる、とリポートは述べていた。簡潔に言って、これらのバイアスがインフレの測定における主たる問題となるわけだ。

インフレ指数を構築するうえでの主たる課題は、われわれが生きる世界の経済は急速に変化しており、毎日のように新製品が登場するなかで生活コストとは何かを正確に定義することが難しい、ということだ。一本のミルクの価格変化を測定することは容易かもしれないが、かつては治療が不可能であったガンを治す新しい薬品が発見された場合、その変化をどう計算に反映させるのだろうか。かつては存在しなかった財を購入する人々は増えているのだ。

品質の問題もまた大きな課題である。表面上は以前と変わらないが、時間の経過とともに劇的に変化している財も多い。自動車はその一例であろう。今日の自動車はかつてのそれとはまったく異なる、改良されたものとなっており、以前は存在しなかったあらゆるたぐいの利便性を提供しているのだ。

格安航空会社の登場で空の旅はこれまでよりもはるかに安価となったが、これは代替バイアスの一例である。サービスはまったく同じでも価格が安い商品があれば、そちらに乗り替えられるわけだが、それがデータ収集の段階で計測されない可能性があるわけだ。その結果、実際に市場で起こっていることに裏付けられない、ＣＰＩの過剰な上昇につながるのである。

新店舗バイアスは、指数のデータ収集で用いられる小売店のサンプルに新店舗が含められれば解決する。ほかの小売店よりも安いまたは高い小売店があるのだから、誤った小売店を選べば、それだけ指数の値に影響を与えかねない。インターネットで買い物ができる現在では、だれもが知るとおり、インターネット上の価格は実店舗での価格よりもはるかに安いことが多いので、実店舗にばかり頼ると財やサービスの価格を相当過大にとらえてしまう可能性がある。アマゾンでの価格を見れば分かるであろう。商品提供の方法もまた重要な問題である。物理的な書籍は、ｉＰａｄで読めるよう電子的に送信されるそれよりもはるかに値段が高いのが普通である。だが、ＣＰＩは製品の品質向上や新しい製品が大量に登場することで消費者が得ている効用を過小評価しているので、その影響が最も大きい。

疑問視されたアメリカの統計

二〇一三年、投資家のピーター・シフは、政府の公式統計は長年にわたりアメリカ経済を実際よりも大きく見せていると主張した。彼がこう述べる根拠はアメリカのＧＤＰ（国内総生産）の算出方法にある。算出するにあたり、政府は二つのカテゴリーを準備する。つまり、インフレを考慮していない「名目」ＧＤＰと物価上昇を考慮して調整を加えた「実質」ＧＤＰである。より広範に用いられる後者の数字を算出するために、アメリカ労働統計局が算出するＣＰＩを用いるのではなく、アメリカ経済分析局がまとめるＧＤＰデフレーターという第二の統計が用いられるのだ。これは、サンプルとなるバスケットに含められる財やサービスにどのようなウエートをつけるか、また何を選ぶかについてより大きな柔軟性があるのでＣＰＩとは異なる。一九四七年から一九七七年までは、二つの数字はほぼ同じであり、ともに三〇年間で一七三％上昇していた。だが、その後、二つの数字は乖離することになる。一九七七年から二〇一三年までにＣＰＩは二九二％とおよそ三倍に上昇したが、対照的にＧＤＰデフレーターは二〇九％と二倍ほど上昇したにすぎなかった。シフによれば、ＧＤＰデフレーターを用いる政府の公式統計は、アメリカ経済を一七兆ドルほど過大に算出しているという。この三六年間においてＧＤＰデフレーターをＣＰＩに置きかえると、アメリカ経済はなんと一三兆ドルも小さくなる。言い換えれば、経済は一般に考えられているよりも二八％も小さいのだ。シフに言わせると、この相違を見れば、雇用数が減少しているときに大きな経済成長が記録されたり、人口が増加しているにもかかわらず、エネルギーの使用量が減少したり、さらにはニュースでは好景気が伝えられているのに、家計の可処分所得に占める生活必需品の割合が一〇年前よりも大きくなっている理由が理解できるという。シフはこう記している。「アメリカは経済が成長しているにもかかわらず、どうして世界最大の債権者から最大の債務者になってしまったのかと不思議に思ったことがあるならば、今その答えが分かったであろう」「成長は統計上の幻想にすぎなかったがゆえに、われわれはアメリカ経済がもはや支えることのできない生活スタイルを維持するためにお金を借りなければならなかったのだ[53]」

実際に人々は何を買っているのか

イギリスの世論調査では「シャイトーリー」と呼ばれる現象が長らく続いている。これは、総選挙でどの党に投票するかと問われたときに、困っていると思われたくない、または調査員に悪く思われたくないがゆえに、本当の考えを伝えない人がいる、というものだ。シャイトーリー現象は、一九六九年、一九九二年、そして二〇一五年に起こったように、世論調査からすれば総選挙の結果がおかしいと思われる状況を説明するために用いられてきた。これはイギリス特有の現象ではない。アメリカでもブラッドレー効果と呼ばれる、似たような傾向がある。これは、カリフォルニアにおける世論調査が一九八二年の知事選でトム・ブラッドレーが勝つだろうと誤った予測を出したのだ。直近では、内気なトランプ支持者たちが存在したことで、二〇一六年の大統領選では驚きの結果が出ることになった。主要なメディアでトランプが非難され、笑いものにされていたので、彼を支持していること、または彼に投票することを認めたくないと思った人々が多かったのであろう。

あらゆる調査は、質問を受けた人々が提供する情報以上に正確となることはなく、これはあらゆる分野において真実である。例えば、アルコールの影響に取り組む医療サービスが抱える問題の一つが、人々が自分たちの消費しているアルコール量を過少に見積もることである。同様に、人々はインターネットのアダルトサイトをどのくらい見るかについては甚だ控えめとなる。二〇一七年一月、ポルノハブは過去一二カ月間にサイトに掲載されている動画が九二〇億回閲覧され、閲覧時間は四六億時間、五二万四六四一年相当になると発表した。これは膨大な数字であるが、けっして消費者の利用度に関する公式な調査に反映されることはない。もちろん、ポルノハブは多数あるポルノサイトの一つであるから、全体の回数や時間はおそらく大幅に大きなものであろう。

同様に、インフレを測定するための「マーケットバスケット」構築も、人々が何を買うと「言った」のかに基づいており、それが実際に購入しているものと一致しない可能性があるのだから、多くの間違いを抱えている可能性がある。例えば、二〇一四年のイギリス国家統計局の調査では、イギリスにおける禁止薬物の利用ならびに売春は一一〇億ポンド（売春が四三億ポンド、麻薬が六七億ポンド）相当になることが示された。これらの数字をGDPに加算したら、イギリスはフランスを追い抜き、売春と麻薬の消費では世界第五位になる。だが、多額のお金がこれらの商品に充てられていることは明白であるが、調査の回答者たちが自分個人が利用していることを明かす可能性は極端に低い。

時間と場所が変わることで生まれるバイアス

その結果、公式のインフレ統計は、人々が実際に自分たちのお金を使っている姿からかけ離れたものとなってしまう。また、新製品や新たなサービスが提供されるスピードからすれば、マーケットバスケットが更新される頻度があまりに低いという事実からも影響を受けることになる。最後に、インフレの調査を行っている者たちはマーケットバスケットが更新されたときに、時間をさかのぼって指数を修正することはしない。つまり、本質的には彼らはリンゴとオレンジを比べているわけだ。

アメリカでは二つの情報源から定量データを得ている。「ＰＯＰＳ（購買時点調査）」を行うアメリカ国勢調査局は、家計がさまざまな店舗で支出をどのように配分しているかを把握しようとする。次に、アメリカ労働統計局はそのデータを基礎として、特定の調査地域における特定の商品に対する総支出額に占める当該店舗のシェアに応じて、店舗のサンプルを選択する。店舗のサンプルが決定したら、アメリカ労働統計局の調査員がその店舗を訪問し、特定の商品（特定ブランドの粉せっけんなど）を一つ、またはいくつか選んで価格を確認する。どの商品が選ばれるかは、その店舗の売り上げに占める割合に基づいており、人気の高い商品ほど選ばれる可能性が高くなる。店舗と商品を選択する手続きは、サンプルを定期的に更新するサンプルローテーションの一環として行われるのだ。

アメリカ労働統計局は毎月まったく同じ商品の価格を取り上げようとするが、過去に利用した商品が売り切れていたり、生産停止になっていたり、また何らかの理由で入手ができないためにそれが不可能となることが多い。これは頻繁に起こり得ることで、とりわけデザインが頻繁に変わる女性の衣服などで顕著である。Ｈ＆Ｍやフォーエバー21、ザラなど「ファストファッション」の店舗で同じ商品を探すことを想像してみればよい。商品が見つからなければ、アメリカ労働統計局の調査員が別の新しい商品で代替する。アメリカ労働統計局では、直接比較可能な商品を見つけるためのガイドラインを準備している。そして、直接比較が可能な商品が見つからなければ、新しい商品が用いられ、それに応じて価格が調整されることになる。だが、このどちらの判断も、特定の調査員による極めて主観的なものにすぎないのだ。

マーケット・バスケット・バイアス

「マーケットバスケット」の構築で多くの間違いが起こり得るのは、前述のとおり、人々が買うと「言った」ことに基づいていながらも、実際には彼らは別のものを買う可能性があることばかりではない。例えば、違法薬物の売り上げが巨額なものであることはわれわれも承知しているが、調査の回答者が自分たちの支出の大きな部分を薬物の購入が占めているなどと認めるわけがないのだ。

ＣＰＩにまつわる間違いや問題は膨大な数に上る。第一に、平均的な消費者がどれだけ消費するかをどう判断するのかという問題がある。次に、個別家計の総可処分所得に税金がどのような影響を与えているか。税引き後の生活コストはどうか。それから、医療費に関して言えば、どれだけが保険で賄われ、どれだけが消費者個人の財布から出ているのか。社会保障を受給している人々は、それがない人々とは財政的に異なる状況にあるのだ。そして、ＣＰＩの算出に用いられる財やサービスのサンプルを管理するという問題がある。消費者に提供される新商品が絶えず変化する状況を考えれば、これはほとんど不可能といえる。さらに、閉店する店もあれば、開業する店もある。そのため、サンプルの精度を上げるためには、常に更新する必要があるのだ。

さらに、個別商品の品質の変化という問題がある。価格が変化すれば、消費者は買い物の内容を変えることで費用を最小化しようとし、価格が下がった商品の購入量を増やし、価格が上がった商品を減らす傾向があるのだ。

データ収集の難しさ

二〇〇五年、とある批評家が政府の発表するインフレ統計の正確さに疑義を呈していたが、ホテルの宿泊料金についても同じことが言える。私は旅をするなかで、ホテルの宿泊料金が大きく変化していることを目にしてきた。一九七〇年代、私は一泊一〇〇ドルで素晴らしい部屋をとることができたが、二〇〇〇年には同じ部屋が一泊三〇〇ドル近くするようになっていた。二〇〇五年、労働省によれば、九月のホテルの宿泊料金は一年前から二・五％下落したというが、業界の幹部たちは実際にはかなり値上がりしていたと述べている。ある統計学者は、ホテルの宿泊料金に関する政府の指数には、商用向けのホテルの価格が含まれておらず、価格がより高いコーポレートレートを除外しがちだと述べている。ヒルトンやマリオットやスターウッドなどのホテル業者は、販売可能な客室一室当たりの売り上げが二ケタの伸びを示したと発表しているが、これは一泊の価格が上昇していたことを示すものである。

複雑さ

消費者物価を測ることとの難しさは、イギリス国家統計局が用いる方法論を論じた二〇一五年のイギリスの新聞の一節が示している。「消費者物価指数は次の三つの時点で消費にかかるコストを測ることができる。財やサービスが取得された時点、それら財やサービスに対する支払いがなされた時点、そしてそれらが費消された時点である。この三つが互いに近似している財もある。家具や家電や車などの耐久財では、商品を取得するための価格は同様の商品を同期間利用する――例えば、借りるためにかかる費用の額と異なる場合がある。しかし、ほとんどの統計学者がそのような商品も非耐久財と同じ方法で取り扱い得ると認めている。このルールの主な例外は不動産である。不動産は適切に管理されれば、長期にわたり価値を維持、または増大させることができる。持ち家の取得、支払い、利用にかかるコストはそれぞれ異なる方法で異なる推定値を導く必要がある。アンティークなど時間の経過とともに価格が上昇するほかの財は通常、消費者物価の統計には含まれない[54]」

データ収集

調査で収集される商品のサンプルを見れば、価格の情報を集める難しさや複雑さは驚くばかりである。

鉄道旅客輸送	車両旅客輸送

航空旅客輸送
海上および水上旅客輸送
郵便サービス
電話通信機器およびサービス
ＡＶ機器および関連機器
音声および映像の受像機
写真、映像および光学機器
データ処理装置
記録媒体
ＡＶ機器および関連機器の修理費用
娯楽および文化にかかるその他主要耐久財
屋内外での娯楽にかかる主要耐久財
その他娯楽、庭、ペット用商品
ゲーム、おもちゃ、趣味
スポーツ用品および屋外娯楽にかかる商品

植物、草花
ペット関連商品およびサービス
娯楽および文化的サービス
娯楽およびスポーツ関連サービス
文化的サービス
本、新聞、筆記用具
書籍
新聞および定期購読物
その他印刷物、筆記用具、画材
パッケージ旅行
教育
ケータリングサービス
レストランおよび喫茶
娯楽所
宿泊サービス

個人医療
美・理容
個人医療にかかる器具および製品
携帯品
宝飾品、時計、腕時計
その他携帯品
社会保障
保険
家財保険
健康保険
運送保険
金融サービス

通貨によるゆがみ――ユーロ

二〇〇四年九月に出版された『OECDオブザーバー（OECD Observer）』のインタビューで、OECD（経済協力開発機構）の統計局長であるエンリコ・ジョバンニーニは、アメリカのインフレ統計に対するボスキンリポートの批判に対して非公式ながら意見を述べている。ジョバンニーニがイタリア国家統計研究所の経済統計部長であったとき、彼らは消費者物価指数のカテゴリーを毎年更新することを決めたのだ。公式のインフレ統計と世論調査で示される実感インフレとを比較すると、二〇〇二年のユーロ導入以前は、二つは同調していた。しかし、ユーロ導入以降、実感インフレは公式の数値よりも急上昇している。ユーロの導入によって、頻繁に購入される商品のなかにほかよりも大きく値段が上がったものがあったことは明らかだ。新しい通貨に適切な価値をつけるのは容易ではないので、店舗が新しい通貨の価値を過大に見積もっていたかもしれないのだ。

通貨の混乱——テンゲ

一九九三年、カザフスタンは継続するインフレスパイラルに終止符を打つべく新たな通貨テンゲを発行した。ソ連時代から流通していた旧ルーブル紙幣を新しい通貨に置き換えたのである。だれもルーブルを欲しがらなくなる前に、露天商たちが過大評価されていたルーブルをテンゲに替えようとしたことで大混乱となった。当時、インフレの数値は一九九三年の最初の一〇カ月で月平均三〇%にもなり、政府はパニックを起こしていた。彼らはハイパーインフレの淵にあることを懸念したのだ。だが、どちらの通貨を使うべきか混乱したことで問題はややこしくなってしまったのだ。

パキスタンの統計に対する懸念

二〇一二年、パキスタン統計局による消費者物価指数の算出方法に疑問が投げかけられた。同年三月の数値が一〇・八％上昇と発表した際、統計局長は「技術的な理由によって」、同月に行われた三八％の電力料金の引き上げは算入されなかったと述べたのだ。彼は、電力料金を遡及して引き上げると発表されたのは二〇一一年八月だが、実際に課金されたのは二〇一二年三月だと説明した。この論理に電気代を引き上げられた消費者は納得しなかった。もうひとつ論争となったのがミルク代の一五・四％の下落だが、これはある宿営地の統治機構が自分たちの地域において価格を凍結したことだけを根拠としたもので、国内のほかの地域には適用されていなかったのだ。批評家は統計局が完全に独立しておらず、それゆえ政権の政治課題に影響されるという事実を指摘した。ワシントンを拠点とする調査機関ＩＦＰＲＩ（国際食糧政策研究所）は、パキスタンが算出するＣＰＩは都市部のインフレばかりを取り上げており、田舎の農村集落は見過ごされていると述べている。彼らはまた、パキスタンの指数では、さまざまなコモディティのウエート付けに問題があるとも述べている。批評家たちは、政府はインフレが下落しているように見せるために、指数を構成する商品のウエートを変えることで統計を操作しているのだ、と述べた。

中国の怪しい統計

一九九五年、中国のインフレ統計は信憑性がなく、それゆえ国連やＩＭＦ（国際通貨基金）、世界銀行などの組織が同国の経済規模を見積もることを難しくしている、とするリポートが発行された。

当時中国は、急速に変化する経済に対応するために指数に含まれる財やサービスのバスケットの中身を調整していたのだ。指数は、全国の数千件の家計から収集された詳細に記録に基づいたものであった。

疑念は一九五〇年代後半の大躍進政策時代からあったが、当時は最悪の飢饉によって三〇〇〇万人もの中国人が命を落としたにもかかわらず、穀物生産に関するウソの統計が発表されていたのだ。その後、中国政府は一九七〇年代まで統計の公表をやめてしまった。生産量が過大に計上されがちとの懸念は続いていた。多くの国有企業の業績は利益ではなく、生産量に基づいていた。それゆえ、政府の統計局が発見した不正統計が何千件にも及んだとしても驚くに値しない。会計検査官たちは、江蘇省が非常に大きな数字を発表すると、貧しい内陸部の行政区も膨らませた数字を発表していたことに気づいたのだ。

二〇一一年二月、中国のインフレ統計に疑義が呈された。国の主要なインフレ統計を徹底的に調査したことで、統計の信頼性に疑義が生じることになる積年の問題がいくつか明らかとなったのだ。政府は意図的に大衆をミスリードしていると批判する者もいれば、政府はただ経済に影響を与えるような変化についていけていないだけで、それゆえ正確な経済情勢を表せていないのだ、と言う者もいた。政府は、インフレを測定する消費財バスケットのなかで住宅費が占める割合を増大させ、ほかの多くの商品のウエートを引き下げると発表した。だが、非食糧インフレが過少評価されているのは、ウエートが原因ではなく、実際の価格がCPIに反映されていないからだとの批判があった。公式データでは、一月の消費者物価は四・九％の上昇となっていたが、独立系エコノミストは五・三％と見積もっていた。アナリストたちは、当局が迅速かつ十分な調整を行ってこなかったことを懸念していた。例えば、統計局は住宅ローン金利を用いて住宅賃料の変化を見積もっているが、近年、住宅価格が高騰しながらも借り入れコストに変化はなかったので、住宅費は大幅に過小評価されていたのだ。興味深いことに、中国の統計局は瑕疵を認め、修正を行うが、その実行には時間がかかると言ったのだ。衣料費についても論争があった。独立系のアナリストたちは、労賃や原材料などの高騰によって衣料品の価格は上昇しているのだから、政府の推定する衣料品の物価は低すぎると述べた。

二〇一一年、ロイターは中国の統計学者たちは経済のペースについていくために悪戦苦闘しており、新しいCPIではこれまで過少評価されてきた商品のウエートが高められたと伝えた。彼らは、透明性の欠如が中国のデータの信憑性を傷つけていると述べた。また、政府はあまりに動きが遅く、経済全般の変化に付いていけなかったので、現地の実情を正確に描きだしていないのだ、とも述べた。ある経済学者は、非食糧インフレは、実際の価格が消費者物価指数に反映されていないがゆえに過少評価されていると述べた。

住宅を重要視するあまり、CPIのバスケットでは大きな不備のある価格データが目立ち、それが発表されるインフレを過剰に低くしていると言う者もいた。統計局は住宅ローン金利を用いて住宅賃料の変化を見積もっているが、近年、住宅価格が高騰しながらも借り入れコストに変化はなかったので、住宅費は大幅に過小評価されていたのだ。中国のCPIでは衣料品の価格は下落していることになっているが、実際には材料費や労賃が上昇していることに加え、有名ブランドは大衆向けの商品を値上げしてもいるのだ。それゆえ、統計局が用いる衣料品のサンプルはもはや大方の消費者の購買動向を反映していないのだ。

イギリスのインフレ指数の信憑性

イギリスでは、二〇〇六年八月、電力およびガス料金が過去二六年間で最も大きな比率で上昇したにもかかわらず、イギリス国家統計局が前月のインフレが下落したと発表したことで、消費者物価指数をめぐる論議が巻き起こった。

エドムンド・コンウエーはデイリー・テレグラフの記事で、イギリス国家統計局は公共料金の上昇がインフレの数値全体に与える影響を過少評価しているとのコメントを寄せ、インフレの測定におけるガス料金のウエートは、実際のガス料金が六四％も上昇していたにもかかわらず、一七％しか上昇しなかったと述べた。この食い違いをみると、ＣＰＩを構成する各品目に与えられるウエートを見直す必要があるように思われると彼は述べたのだ。公式のインフレ統計は、年金生活者の生活コストがほかの国民よりも早く上昇しているという事実を隠していると警告する専門家もいた。

二〇〇八年、デイリー・テレグラフによる調査では、食品および燃料価格の上昇だけでなく、税金やその他家計費が増大していることを考えると、平均的な家計が実感しているインフレは公式の予想値の二倍ほどになることが示された。価格比較サイトのマネースーパーマーケット・ドットコムと共同で集計しているリアルコスト・オブ・リビング指数によれば、物価は九・五％上昇しているが、政府のＣＰＩはたった三％だけである。彼らは、ＣＰＩには多くの家計にとっては大きな支出であるカウンシルタックスまたは住宅ローンのコストが含まれていないことが理由の一つであると述べている。所得税や国民保険拠出料は平均的な家庭の収入の三六％にもなるのであるから、税金はインフレを算出するうえで極めて重要だと彼らは述べた。さらに、食費は前年を通じて平均二三％上昇していたが、個別商品で見るとコメが八〇％上昇、冷凍グリーンピースが七三％上昇とさらに大きく上昇していたという。彼らはまた、住宅価格が下落しているにもかかわらず、銀行の住宅ローン金利が上昇したので、週当たりの住宅ローン費用は一一％も上昇したとも述べている。

政府はガソリンなどコモディティのコストをコントロールすることはできないが、平均的な家庭の収入の三五％をも吸い上げてしまう所得税や国民保険拠出料（さらにカウンシルタックス）に対しては責任を有していると批判する者もあった。金利を検証したところ、イングランド銀行が四月以降、基準貸出利率を五％に据え置いていたにもかかわらず、消費者に関するかぎり、金利は上昇を続け、銀行は住宅ローン金利の固定期間が終了した者たちに対してショックを与えていると彼らは述べた。そして、住宅価格が下落を続けているにもかかわらず、週当たりの住宅ローン費用は一一％も上昇していたのである。

インド——データ収集の難しさ

二〇〇五年、インド商工省は卸売物価指数に用いる商品リストの見直しを行った。驚くべきことに商品数は一七七〇～一七七一個から二〇〇四～二〇〇五個に増加した。食品やミネラルなど主要項目数は八〇から一〇二に増加し、燃料や電力などのコモディティは一〇から一九に、工業製品は二七〇から五五五に増加した。そして指数に含まれる製品の総数は三六〇から六七六に増加した。それと同時に、集計される価格の数も、一九七〇～一九七一品目に対して一二九五個であったものが、二〇〇四～二〇〇五品目に対して五四九二個に増加した。それゆえ、これら二種類の数字を合理的に比較できるのかどうかが問題となったことは言うまでもない。

ブラジルの経験

ブラジルは多くのインフレを経験しているが、本物のインフレ、つまりハイパーインフレも経験している。一九九〇年四月、インフレ指数は六八二一％という史上最大の値をつけた。インフレが二〇〇〇％まで下落したときにリオデジャネイロに到着し、ブラジル人の友人にこう言ったことを覚えている。「わぉ、二〇〇〇％のインフレだって」。彼は「すごいことかな、先週は三〇〇〇％だったよ」と答えた。それゆえ、ブラジル人はインフレ、そしてそれがいかに測定されるのかに強い関心を抱いてきた。二〇〇〇年上旬の段階でCPIなどの指数を算出する機関が少なくとも五つ存在した。そのうち最も重要な機関が、IBRE　FGV（ジェツリオ・ヴァルガス財団ブラジル経済研究所）、IBGE（ブラジル地理統計院）、そしてサンパウロ州当局の三つである。

FGVは統制価格の調整に用いられるIGP－DI（総合物価指数）を算出しているが、これは電話料金の調整に用いられていたこともある。広範に用いられるIGP－M（広範囲一般物価指数）は契約やインフレ連動国債などの金融取引の調整ばかりでなく、電力料金の調整にも用いられている。FGVは、IPA（生産者物価指数）、IPC（消費者物価指数）、ＩＮＣＣ（全国建築物価指数）も算出している。彼らが算出する指数はブラジルの七大都市圏をカバーしているのだ。

ＩＢＧＥは一〇大都市圏とその他いくつかの都市のインフレを測定している。彼らが算出するＩＮＰＣ（全国消費者物価指数）は給与の調整に用いられる。ＩＰＣＡ（消費者物価指数）は金融取引や公開企業のバランスシート（貸借対照表）などで用いられる。ＩＰＣＡはブラジルの公式なインフレ統計でもある。通貨審議会ではこの指数をインフレ目標の参考値として取り上げている。また、ブラジル国債もこの指数を参照している。

サンパウロ州当局は、サンパウロ州の公務員の給与調整に用いられるＩＦＣの算出に特化している。この指数は、月次ベースで調整されるほかの多くの指数とは異なり、毎週更新されるため、広く注目を集めている。

言うまでもなく、各種指数に用いられる方法論が異なるので、それらの動きもまったく異なるものとなる。インフレを抑制しようとする長年にわたる政府の努力は、サマープラン、コロールプラン、コロールⅡプラン、レアルプランなど、数多くの「計画」を生んだ。それぞれの計画でインフレ指標が必要となったが、レアルプラン（新通貨レアルにちなんで命名された）を除くすべての計画が失敗に終わったことからすれば、常にインフレ指標を変更する努力がなされていたわけだ。また、ブラジルでは通貨が頻繁に変更されたことが手続きを複雑なものとした。一九六七年から二〇〇〇年の間に、ブラジルでは八回も通貨が変更されている。一九四二～一九六七年までがブラジル・クルゼイロ、一九六七～一九七〇年までがクルゼイロ・ノボ（新クルゼイロ）、一九七〇～一九八〇年までがクルゼイロ、一九八六～一九八九年までがクルザード、一九八九～一九九〇年までがクルザード・ノボ、一九九〇～一九九三年までがクルゼイロ、一九九三～一九九四年までがクルゼイロ・レアル、そして現在が一九九四年に導入されたレアル、といった具合だ。

一九八六年、ブラジルでクルザード計画が発表され、政府が価格凍結を導入すると、人々は店舗に向かい価格を調べ、価格上昇を防ごうとしたが、コロール大統領が四回目の価格凍結を発表するころには、価格が本当に凍結されていると考える者はいなかった。五五歳のとある大工がロイターに語っている。「価格凍結に関する話など忘れるがいい。夜の間にもう上がっているさ。僕は見てきたんだ」。このような環境では、どのようなインフレ指標を観察しても無駄である。

地域差

二〇〇九年に行われた中国人民銀行のエコノミストによる都市部と農村部でのインフレの差に関する研究は、一つの国のなかでさえ、さまざまな集団を一つのインフレ指標にまとめ上げるという作業の難しさを描きだしている。この研究で張雪春は中国経済が持つ二重性を強調し、同国経済は農村部と都市部とに分裂しており、それゆえに指数に違いが生まれるのだとした。市場経済に移行したことで、そのような差は縮まってはいるが、いまだに存在すると彼女は記した。中国国家統計局がＣＰＩを算出しているが、一九七八年以前、ほとんどの価格は政府によって取り決められており、市場の需給関係を反映することはなかった。その後、政策決定においてＣＰＩが重視されるようになってきた。当初はその差は大きなものであったが、時間の経過とともに縮小している。一九八五年から二〇〇八年の間に、都市部のＣＰＩは農村部のそれよりもはるかに大きく上昇した。二〇〇一年になると、転換点を迎え、農村部のＣＰＩが都市部のそれよりもわずかながらも大きく上昇するようになった。二つの指数の違いは、政策措置や発展段階、そして消費動向の違いで説明され得るものである。当初、都市部の衣料費の指数は、農村部のそれよりもはるかに高く、また住宅価格も都市部のほうが高かった。交通費や通信費、医療費や携帯品の価格の違いによる差もある。住宅に目を向ければ、建築資材や装飾が農村部の指数のなかの住宅の科目で大きな割合を占めるが、都市部の住宅では賃料が主たる割合を占める。リポートで示された興味深い点の一つが、農村部では情報網がさほど発達しておらず、また教育水準が低いこともあって、人々は都市の住人たちよりも物価に関して十分な情報を得ていないことだ。また、都市部における小売りの規模が農村部のそれをはるかに上回っていることも差を生む要因となっている。

トルコでも地域差が見られる。二〇一八年半ば、イスタンブール商工会議所はイスタンブールの消費者物価が、二〇一八年六月が一・二七%、二〇一七年七月が〇・二〇%であったのに対し、二〇一八年七月は〇・五二%上昇したと発表した。そのリポートでは、政府が発表する公式のインフレの値とイスタンブールのインフレの値の相関はさほど高くなく、過去二年間は比較的相関が見られたけれども、七月は大きな乖離を生んだことが指摘されていた。詳細を見てみると、七月の食品のインフレがイスタンブールでは〇・七%であったのに対し、アンカラの調査では六月の大きな上昇に重ねて、一・四%上昇していたことが分かる。

マレーシアの懸念

一九九五年一月、マレーシアの消費者物価指数はインフレを過少に示しているとの懸念が広がった。さらに、アジアの国々の政府は一様に同じことをしていると批判する者もいた。というのも、政府は五年か一〇年に一度、ＣＰＩの構成品目を見直しているが、それでは消費動向の変化や、インフレが最も高くなる傾向にある地域の都市部における急速な成長を反映できない。つまり、インフレ指標として最も広範に取り上げられるＣＰＩは、消費動向の変化や地域の都市部における急速な成長を反映するのが遅いというわけだ。

マレーシアでは、主要な都市におけるインフレは国内のどの地域よりも高いものであることを政府の役人が認めている。住宅などの価格上昇の早い品目が指数から除外されていることがＣＰＩの数字が低い理由の一つであった。また、当時政府は、コメ、食用油、肥料、燃料などインデックスのおよそ四〇％を占める主要品目の価格統制を行っていたのだ。

南アフリカ人も疑っている

南アフリカの人々は公式のインフレ統計を疑っているとする二〇一三年のリポートがあった。それによると、南アフリカ政府が発表した統計では四月のインフレ率が当初予想されていたよりも二％近く低いものであったのだから、南アフリカの人々は喜んでしかるべきだが、そうではなかったのだという。予想された一〇・四％ではなく、八・五％というインフレ率であれば、準備銀行が財務省の支持を得て設定した三～六％というインフレ目標にはるかに近いことになる。

だが、インフレカーブが下向いているということは、たいていの場合、準備銀行が一三・五％の政策金利を引き下げ、それゆえ人々の懐が温かくなることが予想されるにもかかわらず、南アフリカの人々は疑うように肩をすくめてそのニュースをはねつけたのだ。インフレ率が低下した主たる理由は、南アフリカ統計局が古いデータを用い、また水増しされた賃料のデータを用いたことで消費者物価指数の計算を間違えたことにあった。誤りを見つけたのが自分たちが注意したからでも、政府の役人がそうしたからでもない、ということは南アフリカ統計局にしてみれば気まずさの極みであった。財務省は二〇〇二年初頭以降の南アフリカ統計局のデータの信憑性を疑っていたとは述べているが、この誤りを発見したのは民間銀行の一人のファンドマネジャーだったのだ。政府は誤りを認め、三月と四月のインフレ値を修正したが、これは政府が自ら宣言しているとおり貧困との闘争に勝利しているかどうかをめぐる、タボ・ムベキ大統領と、最大野党である民主連合党首のトニー・レオンとの熾烈な選挙の前哨戦となった。ムベキ氏は、一〇年間に及ぶ経済成長や、過去一八カ月にわたりランドがドルに対して上昇していることなど、数多くの経済指標に言及した。だが、レオン氏は、失業率の上昇、とりわけ黒人社会における失業率の上昇や、国内に蔓延するエイズ対策の人的・経済的コストなどを取り上げた。彼は、多くの国民にしてみれば、政治的自由はあれど、生活は悪化しているのだ、と述べた。政治家が自らの主張を裏付けるためにデータを用いても、統計や統計学者に対する大衆の信頼が高まりはしなかったようだ。南アフリカ共和国労働組合会議のエコノミストは、南アフリカの人々はデータに反映された社会問題に取り組むのではなく、自分たちの意に沿わないデータに食ってかかることが多いと述べている。伝統とまでは言わないが、南アフリカの政治家には自分たちのイデオロギーを推し進めるために統計を操作したり、でっち上げたりする傾向があると彼は述べている。

統計が政治的目的に用いられた最も悪名高い例はかつての白人政権によるもので、南アフリカの何百万人もの黒人が公的データから除外され、黒人は割り当てられた民族的国土の市民であり、南アフリカ国民ではないという前提で国勢調査員が集めてきた情報が取り上げられていたのだ。

収入格差

平均的な所得水準を見いだすことは世界中どこの国においても難しいことだ。例えば、二〇一六年、多くの金持ちへッジファンドマネジャーが住むコネチカット州グリニッジはアメリカで最も裕福な街の一つとなった。だが、コネチカット州のなかだけでも、裕福なグリニッジと、州都であるハートフォードのような街とでは大きな差がある。グリニッジから海岸線を北上したところにある産業都市ブリッジポートの所得格差はニューヨーク市のそれよりもひどいものである。それゆえ、すべての人々を反映した指数を生み出すことは不可能なのである。

統計では測れないもの

一九六八年三月、ロバート・ケネディは自身の大統領選のキャンペーンの一環としてカンザス大学でスピーチを行った。そのなかで彼が、国を測る指標としてのGDPの利用法を批判したのは有名である。「わが国のGDPはいまや年八〇〇〇億ドルを超えている」と彼は聴衆に語りかけた。そして「だが、GDPには、大気汚染やタバコの広告、高速道路の事故で出動する救急車も含まれている。一方で、GDPには、われわれの子供たちの健康や教育の質、遊ぶ喜びなどは含まれていない。わが国の詩が持つ美しさや、夫婦の絆の強さ、公開討論で見られる知性や公務員たちの誠実さは含まれていない。われわれの機知も勇気も、知恵も知識も、思いやりもわが国に対する愛情も測ることができない。要するに、人生を価値あるものとするものは何も測ることができないのだ[55]」

本質的にこれは公式のインフレ統計にも当てはまる問題である。コンピューターのモデルがどれほど洗練されたものとなろうが、現実の人間の行動を正確にとらえることは非常に難しい。また、その影響は甚大なものとなる。インフレの値が間違っていれば、政府が誤った情報に基づいて判断を下すばかりでなく、われわれ個人の日々の生活においても間違った判断が下されることになるのだ。

第8章 インフレの管理と操作

政府の利害

ＣＰＩ（消費者物価指数）の修正が政治的に厄介なのは、指数が何千万人もの人々にとって問題となる給付額の算出に用いられているからである。アメリカでは、ＣＰＩの数値は、社会保障、公務員や軍人の退職金、高齢者福祉、フードスタンプなど連邦の福利厚生制度のために行われる生活コストの調整に影響を与える。税法も基礎控除や標準控除の額など多くの面でＣＰＩを参照しているのだ。

ボスキン委員会のリポートが示すとおり、ＣＰＩそれ自体の変更や、給付水準や納税額を決めるためのＣＰＩの利用方法の変更は、その判断次第で将来の財政赤字を何兆ドルも減らすことができる。それゆえに、そもそもボスキン委員会は召集されたのだ。

だが、外国からの資金融資や投資を引きつけるためであろうが、賃上げ要求を抑えるためであろうが、あらゆる政府がインフレの値に手心を加えることに利害を有しているのは明らかだ。そして、政府がそれらの数値の算出方法に手を出すことができる場合、操作する誘惑が常に生まれるのだ。政府が行儀良く、統計を集計する組織と適切な距離を保っている場合ですら、異なるインフレの値を見つけだすのは容易なことである。さらに、一％にも満たない相違ですら、それがもたらす影響は大きなものとなるのだ。

中央銀行による管理の試み

中央銀行は、借入金利が極めて低いときでさえマネーサプライを引き締めたことを非難され、その後、インフレが上昇しているときにインフレ政策を採用すると非難される。経済学者と政策立案者との間では、データを正しく解釈すること、そしていかなる行動をとるべきかに関する戦いが続いている。リベラル派は、財政政策を緩和する、つまり政府の支出を増やすことで経済は成長し、やがて税収が増大するので債務の返済が容易になると主張する。保守派は政府による借り入れを拒絶し、財政赤字は望ましくないと言う。近年、いわゆる保守派のなかでも自由主義哲学が幅をきかせてきている。債務を抱える人々にはインフレが必要であり、そうすれば、彼らは価値の低下した通貨で債務を支払うことができるのだ。数多くの経済理論が世界中の政府や中央銀行によって広められ、そして採用されてきた。その結果、インフレを操作し、管理しようとする絶え間ない努力が続いているのだ。フィリップス曲線、テイラールール、フィッシャー効果などの理論が、政府の行動に大きな影響を与え続けているのである。

フィリップス曲線

「フィリップス曲線」とは、ニュージーランド生まれの経済学者で、ロンドン・スクール・オブ・エコノミクスの経済学教授を務めたＡ・Ｗ・フィリップスによって生み出された経済理論である。一九五八年、彼はインフレと失業率は一貫して逆相関の関係にあり、インフレが上昇すると、失業率が低下し、その逆も真であることに気づいた。それゆえ、経済成長にはインフレが付随し、それが雇用の創造と失業率の低下につながると考えた。失業率とインフレの逆相関の関係は、Y軸をインフレ、X軸を失業率とする、右下がりの凹曲線として図示された。この理論に多くの政府が魅了され、彼らは経済成長が停滞したり、失業率が高かったり、インフレが高いと、目標インフレ率を設定するようになった。だが、一九七三年から一九七五年にかけてアメリカ経済が6四半期連続でGDP（国内総生産）が減少するなかで、インフレが三倍にもなった一九七〇年代半ばはこの理論には当てはまらなかった。これは「スタグフレーション」と呼ばれる現象で、フィリップ曲線の理論に対する直接の反論となったのだ。

テイラールール

一九九三年、スタンフォード大学教授のジョン・テイラーによって初めて提唱されたテイラールールは、中央銀行がインフレの変化に応じて名目金利を設定する指針となった。このルールでは、インフレ率が一％上昇すると、中央銀行は名目金利を一％以上引き上げようとすると説明される。もともとは中央銀行の行動に対する処方箋ではなく、その説明にすぎなかったのだが、すぐに中央銀行が従うルールとなった。いかなる場合でも、名目金利を引き上げることがインフレ率を上げるのではなく、下げることになるという考えは中央銀行で広く受け入れられている見解と一致しているのである。

フィッシャー効果

すべての経済学者が、金利の上昇はインフレの低下につながり、金利の低下はインフレの上昇につながるという考えを支持しているわけではない。二〇世紀初頭のアメリカの経済学者アービング・フィッシャーの理論に依拠する経済学者のなかには、中央銀行は名目金利を引き下げるのではなく、引き上げることでインフレを上昇させることができるとする者もいる。フィッシャーは一九三二年の著書『ブームズ・アンド・ディプレッションズ(Booms and Depressions)』のなかで、自ら「大恐慌期の負債デフレ理論」と呼ぶ理論を展開した。やがてその考えは「フィッシャー効果」と呼ばれるようになる。デフレは負債に影響を与え、未済の負債の一ドルの価値が大きくなり、また債務負担があまりに大きくなると、債務の返済に回る資金が増え、物価を押し下げることになる、と彼は述べた。物価水準を、現在の借り手が未済債務を返済することができるようになる水準まで引き上げるだけで、不況に終止符を打つことも、それを防ぐことも可能であると続けた。

インフレターゲティング

その簡潔さと政治的な魅力によって、フィリップスの理論は世界中で受け入れられ、その結果「インフレターゲティング」が政府にとっての魅力的な選択肢の一つとなった。中央銀行は金利を使ってインフレに影響を及ぼすことができ、それゆえ失業率を下げることができると仮定するその理論は政治的にも魅力的なのだ。金利を引き上げることでたいていは経済を鎮静化させ、インフレを抑制することができ、一方で金利を引き下げれば、経済を加速させる、つまりインフレを高めることができるということだ。

第一次世界大戦以前、金融政策はインフレ率ではなく、為替を調整することが主眼であった。だが、第一次世界大戦後、金本位制が危機にさらされたことで、著名な経済学者のアービング・フィッシャーは「補正ドル」または「コモディティドル」と呼ばれる通貨制度を提案した。それは、通貨の購買力を安定させるために、ドルは金（ゴールド）による裏付けを持つが、その金の価値は一定の財の価格からなる指数によって決定される、というものである。これは、物価水準を目標とする試みであった。

ジョン・メイナード・ケインズは一九二三年の論文でインフレターゲティング構想を提案した。第一次世界大戦後、各国がインフレとデフレを経験するなかで、彼はインフレの水準に応じて通貨を調整する政策を推奨したのだ。

一九九〇年代初頭にドイツがインフレターゲットを採用したが、本格的なインフレターゲットを最初に導入したのはニュージーランド、カナダ、イギリスの三カ国である。一九九〇年にニュージーランドがインフレターゲットの口火を切り、その後、一九九一年にカナダ、一九九二年にイギリスが導入した。一九九八年、イギリスの金融政策委員会は、政府が設定したRPI（小売物価指数）で二・五％という目標を達成する責任を負うことになった。二〇〇三年一二月には、目標は二％に変更され、同時にイギリス財務省が用いるインフレ指数もPRIからCPIに置き替えられた。一九九〇年代にはほかの先進国にもインフレターゲットという考え方が広まり、その後、二〇〇〇年代になると途上国にも広まっていった。

イングランド銀行の中央銀行研究センターは、二〇一〇年時点で、二七カ国が「本格的な」インフレターゲットを導入していると予測している。後にその数は二八カ国に増えたが、アメリカと日本もこの考えを採用したことは言うまでもない。

魔法の二%

中央銀行によるインフレターゲットは一般的なものとなった。一九九八年、ECB(ヨーロッパ中央銀行)の政策理事会は物価の安定を二%以下のインフレと定義した。その後、この二%という目標がほかの主要先進国でも基準となり、二〇一二年にはアメリカが、二〇一三年には日本が採用している。二〇〇〇年、そして二〇〇六年から二〇〇八年までFRB(米連邦準備制度理事会)の理事を務めたフレデリック・ミシュキンと、コロンビア大学ビジネススクール銀行金融研究所の教授であるアルフレッド・ラーナーは「インフレターゲットは万能薬ではなく、途上国市場の多くにとっては適切ではないかもしれないが、それが極めて有効な金融政策戦略となる国も多かろう」と述べた。CNB(チェコ国立銀行)はインフレターゲットを導入した中央銀行の一例で、二〇一〇年から二%のインフレターゲットを用いている。二〇一二年にインフレが目標を大きく下回ることが予想されたとき、CNBは二週間もののレポ金利を引き下げ、その後もインフレを高めるために引き下げを続けた。だが、二〇一二年後半に金利が〇・〇五％に達すると、「実弾」切れとなった彼らは無駄な行動に出る。さらなるインフレの低下とデフレを懸念したCNBは二〇一三年一一月に、チェコ・クローナの為替レートをユーロに対して引き下げると述べたのだ。これはまさに「のれんに腕押し」で、金利操作が機能しなかった一例である。

二〇一二年、ベン・バーナンキFRB議長は他国と足並みをそろえ、二％のインフレ目標を設定した。それ以前、FOMC（米連邦公開市場委員会）は具体的なインフレ目標を設定しておらず、通常一・七％から二％の範囲をインフレ目標とすると発表していた。なぜ二％のターゲットを用いるのかと問われたFRBの理事たちは、議会から委託されている物価の安定と雇用の最大化という目標に最も調和するのが二％なのだと述べた。また、インフレが二％を上回ると、一般大衆が経済および金融に関して長期的に適切な判断を下しにくくなるが、一方で二％を下回るインフレ率ではデフレに陥る可能性が高くなってしまう、とも述べた。つまり、物価と賃金の低下は、経済の低迷を想起させるということだ。彼らは、少なくとも低水準のインフレを維持することで、仮に経済が停滞してもデフレに落ち込む可能性を少なくすることができると考えているのだ。

多くの経済学者が、インフレと失業率との関係を示すフィリップ曲線は十分に理解されていないのに、正しいと判断されている、と認めている。だが、これは証明すべきことではなく、信じるか否かの問題なのだ。

経済政策研究センターのディーン・ベーカーは次のように述べている。「立派な職業的地位にある極めて真面目な経済学者たちが、何食わぬ顔で二％の測定誤差を生んでいるのは、真剣さが足らない証拠である。人々はこれがどれほど危険なことかを理解すべきだ。大きく、かつシンプルな問題なのだ[56]」。かつて次のように述べた者もいた。「なぜ二％なのか。それは三五年間でドルの購買力を半分にする率なのに。なぜＦＲＢとそれを運営する政府はそうなることを望むのか。それによって政府は増税することなく債務を収益化（つまりに せ金で返済すること）が可能となるのだ。インフレというのは人々をだまして、自分たちの犠牲が増大しているときに、自分たちが進歩していると勘違いさせることなのだ。そして、インフレによって政府は、税を直接引き上げることなく、長期にわたり人々の収入を水増しさせることで、人々により大きな負担を強いることができるようになるのだ」

誤ったインフレ指標を選択することだけでなく、ＦＲＢが二％――「潤滑油」として必要な率――と設定したインフレ目標を、ベーカーなど多くの経済学者たちは恣意的なものにすぎないと考えている。かつて政府の経済顧問を務めたデビッド・ストックマンも、一・

二％や〇・〇二％よりも、二％のインフレのほうが経済成長には有効であるという考えは科学的に証明されていないと主張する一人である。彼はこう述べている。「それらは、金融政策立案者たちの小さなコミュニティーやウォール街にいる彼らの子分たちがでっち上げた利己的なフィクションであり、破壊的なものでしかない。彼らは、すべての資本主義において最も重要な価格である、通貨と金融資産の価格を絶え間なく操作・捏造することを正当化してきたのだ[57]」

それにもかかわらず、ターゲット理論に基づき政府が行動することを求める声は絶えない。二〇一七年二月、イギリスのインフレ率がイングランド銀行の目標である二％を超える二・三％となった。イギリスのとある一流経済学者は金利の引き上げを求めた。つまり、貯蓄者や年金基金のような機関投資家が、債券利回りが低いことを理由に、よりリスクの高い資産に資金を投じることをやめさせようというわけである。

巨額の金（ゴールド）と有価証券を保有するFRBは公開市場で大量の有価証券を売買することができ、それゆえ金融システムにある貸し出し可能な資金を増やしたり、減らしたりすることができる。彼らが有価証券を買うと、お金が流通し、有価証券を売ると、流通しているお金が抜かれることになる。これに割引率を引き上げたり引き下げたりする権限が組み合わさることで、彼らは金融システムにあるお金に大きな影響を与えることができるのだ。二〇一〇年、バーナンキは、失業率が高い水準にあるので量的緩和が必要だと主張したが、これはシステムにあるお金を増やし、インフレを高めることを遠回しに言ったにすぎない。彼は「経済を成長させ続けるためには、二％ほどのインフレが必要だ」と言ったのだ。

ＦＲＢの理事であるジョン・ウィリアムズは、ターゲットを四％まで引き上げれば、中央銀行が経済の低迷に対抗する余地を増やせるとまで主張したのだ。

二〇一八年にニューヨークのフォーキャスターズ・クラブで行われたスピーチで、ＦＲＢ理事のラエル・ブレイナードは、目標とするインフレ率を達成するため、どのようにフェデラル・ファンド金利を調整していくのかを語っている。彼女は次のように話した。「政治的な不透明さが増し、ユーロ圏や日本のインフレがいまだ目標を下回るなかにあって……直近のデータでは、ここ一二カ月のコアＰＣＥ（個人消費支出）の変化は一・八％であり、コアＰＣＥの上昇がたった一・六％であった一年前を上回っている。価格変動の大きい食品やエネルギー分野を含めたＰＣＥ全体では、最近の原油価格の上昇が大きく影響したことで二・〇％の上昇となっている。直近のコアＰＣＥデータはいくばくか前向きなものではあるが、過去七年間は目標を下回っていたので、今後もインフレが目標とする水準に安定的に近づいていくことを期待している……基調インフレをＦＯＭＣ（米公開市場委員会）で目標とされた二％に安定させることが重要な目的である。最近の調査では、インフレのダウンサイドリスクと、名目金利の実効下限によるインフレ期待が強調されていたが、それは基調インフレが今日のニューノーマルにおける目標を下回らないようにすることの重要性を明確に示すものである[58]」

二〇一八年、ジェローム・Ｈ・パウエルＦＲＢ議長は、世界で最も強い影響力を持つ中央銀行の実力ある議長として初めて下院金融サービス委員会に姿を現した。ＦＲＢはインフレを二％まで引き上げるつもりだとコメンテーターたちは述べていたが、中央銀行は目標達成のためにやりすぎるかもしれないと懸念していた投資家たちは直近の月次データが上昇を示したことにおびえていた。彼は次のように述べた。「このところボラティリティが高まっているが、金融情勢はいまだ緩和的である。同時に、インフレは二％というわれわれの長期的な目標を下回ったままである。ＦＯＭＣでは、われわれの二つの目標を達成するためにはフェデラル・ファンド金利をさらに段階的に引き上げていくことが最善であると考えている[59]」。自身の公聴会でパウエルは経済見通しへのリスクは「おおむね均衡している」と説明したが、理事会は今後もインフレを注意深く観察していくと述べた。

低インフレの罠

インフレがゼロにあると深刻な問題が発生すると言う経済学者もいる。それがいわゆる「低インフレの罠」である。マクロ経済学者の多くは、金利がマイナスになると人々は現金を保持したがるようになるので、短期金利がゼロを下回ることはないと考えている。そして、中央銀行は名目金利を引き下げることでこれに対応しようとする。だが、いわゆるフィッシャー効果はインフレの低下につながり、中央銀行による名目金利のさらなる引き下げを引き起こすことになる。最終的に、中央銀行が名目金利をゼロとすると、ほかになすべきことがなくなり、逃げだすことのできない低インフレの罠にはまり込むことになる、という理論だ。残念ながら、これは単なる理論ではなく、日本で実際に起こっていることである。一九九五年以降、日本銀行は二％をインフレの目標としているにもかかわらず、平均インフレ率がおよそゼロという期間を経験してきている。だが、まさにこれこそが罠であり、彼らはかつてないほどの、異常なまでの対策を講じなければそこから抜け出すことができないのだが、それは恐らく有害無益であろう。

ヨーロッパでも、二〇一八年に低インフレの罠といえる状況に直面した。その年、ヨーロッパ中央銀行は名目金利を〇・三四％としたが、インフレ率は〇・二二％のマイナスだった。スウェーデン国立銀行は鍵となる名目金利をマイナス〇・五〇％としたが、インフレ率は〇・七九％。オランダの中央銀行は金利をマイナス〇・二三％としたが、インフレ率は〇％、スイス国立銀行は名目金利をマイナス〇・七三％としたが、インフレ率はマイナス〇・三五％、イングランド銀行は名目金利を〇・四七％としたが、インフレ率は〇・三〇％であった。これらいずれの中央銀行も、長い間に何度もインフレ目標を達成できないことがあった。FRBもその例に漏れず、二〇一五年一二月までの七年間、フェデラル・ファンド金利をゼロに近づけようとしてきたが、その後〇・二五～〇・五〇％まで引き上げている。

それゆえ、これらの銀行は罠にはまり、テイラールールを放棄し、かわりにネオフィッシャーライツの考え方を採用せざるを得なくなったと言えるかもしれない。だが、彼らがとった行動は、まず市場の名目金利をゼロ以下まで引き下げ、中央銀行に預ける準備金に手数料を課した（事実上のマイナス金利）のである。これは、日本銀行、スイス国立銀行、オランダの中央銀行、そしてスウェーデン国立銀行が行ったことである。もう一つの行動がＱＥ（量的緩和）であり、中央銀行は国債などの長期債やモーゲージ債などの民間の資産を買い上げたが、日本銀行が日本株のＥＴＦ（上場投資信託）購入を通じて行ったように株式を取得することすらした。中央銀行が取れるもう一つの行動は、一種の心理戦に乗り出すことで、彼らは自分たちが将来も確実に金利を低く据え置くとする「フォワードガイダンス」を発表した。彼らはそうすることで、インフレが高まることを期待したのである。

だが、いわゆるフィッシャー効果によって、マイナス金利はインフレの低下を引き起こし、スイスではかなり長い間金利をマイナスとしたが、デフレに陥ってしまった。ＱＥは機能しないばかりか、インフレを引き下げもした。これは日本で見られたことだが、積極的な資産買い入れ計画がインフレの上昇につながることはなかった。もちろん、フォワードガイダンスもうまくいかなかった。

アルゼンチン――ウソ、真っ赤なウソ

二〇〇六年、ネストル・キルチネル・アルゼンチン大統領は、プロクター・アンド・ギャンブル、ユニリーバ、キンバリークラークなどの大会社の幹部を呼び出し、値上げをやめるよう命令した。彼は、政府がインフレを抑えることを助けるべく、一年の間、価格を凍結するよう交渉したのだ。二〇〇五年、キルチネルは国際的な原油価格の高騰を相殺すべく価格を引き上げたロイヤル・ダッチ・シェルに対して全国的な不買運動を呼びかけた。もちろん、そのような環境下、企業も生き残りに努め、新製品を導入したり、古い商品のプライスポイントを引き上げたりした。

前述のとおり、二〇〇六年、インフレを抑えようとするキルチネルの努力は、アルゼンチンの政府統計局であるＩＮＤＥＣ（国家統計センサス局）局長のグラシエラ・ベバッカに人生を変えるほどの影響を及ぼした。「モレノが就任するとすぐに、彼は私と私の直属の上司を事務所に呼び出した。部屋に入ると、私は怖くなった。彼はクラシック音楽をかけていたが、これは自分がこれからしようとしていることを外にいる人間に聞かれたくないと彼が考えているからだと思った」

バベッカは一九八四年に契約社員として働き始め、二〇〇二年には局長にまで昇進した。その間、バベッカは国のインフレ率を測るために用いられるＣＰＩの算出を担当するチームに属していた。

この二〇年間、アルゼンチン経済はジェットコースターに乗っているとも言えるような状態だった。一九七〇年代後半から一九八〇年代初頭、同国経済は当時の軍事独裁のもとで苦しみ続け、四〇万社以上が破綻し、金融の自由化によって債務負担は大幅に増大していた。その後、一九九〇年代の終わりまで続いた新自由主義的な経済政策もほとんど役に立たなかった。

アルゼンチンは一五年に及ぶスタグフレーションに苦しむことになる。そして経済成長の停滞とインフレという悲惨な組み合わせが、一九八〇年代の終わりにハイパーインフレへとつながったのである。一九八九年五月、インフレは九六％に達し、日常的な食品の価格が急騰したことで暴動が起こった。一九九〇年代になると、政府は一連の規制緩和や民営化、マネーサプライの増大を抑制するなどして、どうにか事態を収拾（インフレは一桁に戻った）した。だが、その後、経済危機が再び訪れる。一九九八年から二〇〇二年の間に、アルゼンチンのＧＤＰは二〇％減少し、通貨は七〇％下落、頼みの綱だった国債もデフォルトした。対照的に、一九九〇年代初頭、アルゼンチンは景気拡大策を講じ、五〇〇万件の雇用を創出し、投資を促進した。経済危機後の一〇年間で、アルゼンチン経済はおよそ二倍になり、二〇〇三年から二〇〇七年は年九％の成長を示した。何年にもわたる経済が不安定な時期を超え、アルゼンチンはついに峠を超え、世界中の投資家にとって魅力的な投資先となったのだ。

だが、この経済的成功を鵜呑みにできるだろうか。景気拡大策を裏返せば、アルゼンチン経済はインフレに戻るリスクを背負いこんでいるともいえる。そして、CPIを算出するという自らの仕事を忠実にこなしていたグラシエラ・ベバッカは、自分の仕事が政府に疑問を持たれていることに気づき始めていた。二〇一二年、彼女は王立統計学会で次のように述べている。「後知恵であるが、今となれば、われわれが提供していたCPIの数値に新任の経済相が疑問を持ち始めた二〇〇五年には問題が始まっていたことが分かる。二〇〇五年のCPIの変化率は一二・三％と見積もられ、上昇トレンドだったのだ[60]」

これは政府が聞きたくないニュースであり、外国の投資家には聞かせたくないニュースであった。翌年、ギレルモ・モレノが経済相に就任すると、事態は悪化した。ベバッカは最初の会議を振り返ってこう述べた。「彼はCPIが人々のモラルにいかに影響を与えるか、そして、どうすれば経済の見通しに対する自信を高めるような政策を成功裏に実施できるかについて長い演説を始めた……インフレをゼロにしようとしない奴は被国民だ、と彼は言ったのだ。彼は、低いＣＰＩ（または少なくともＣＰＩが下落トレンドであること）を公表することが愛国的行動であり、ＣＰＩは良好であることを確かなものにしようとする政府に協力することがＩＮＤＥＣの務めであると言ったのだ[60]」

これはあり得ない要求であり、ベバッカの誠実さとは相いれないものであり、さらにＣＰＩ統計がいかなるものかという点からしても受け入れられないことであった。統計は経済情勢を正確に反映するためのものであり、政治的目的のために操作され得るものではないのだ。その後数年にわたって、バベッカに対する要求は続いた。政府はＩＮＤＥＣがインフレの数値を算出するために用いている企業のリストを要求し、彼らを締め上げた。政府は、数値の算出方法を変えるよう求めた。例えば、パンの価格について言えば、ほとんどのパンは地域のパン屋で売られているという事実があるにもかかわらず、スーパーマーケットのパンのウエートを高めることを要求した。レジャーの価格については、さまざまな目的地をリストから外すよう求めた。モレノはさらに、数字を切り捨てるよう求めもした。つまり、二・五九九と二・五〇一はどちらも二・五となるわけだ。これは小さな変化だが、大きな違いを生むものである。月々一％のインフレ率と一・九％のインフレ率を一年間複利計算すれば、それぞれ一二・七％と二五・三％となるのだ。

　バベッカが断固たる態度をとると、二〇〇七年一月、モレノは彼女を解雇した。翌月、一月のインフレ統計が発表されると、インフレ率は一・九％から一・一％へと急落していた。その後数年にわたり、政府が新たに算出した統計では物価上昇率が著しい下落を示していた。二〇〇七年のインフレは八・五％とよりおとなしいものとなった、という具合である。一九八〇年代のスタグフレーションとは対照的な、政府による経済成長と安定的なインフレというサクセスストーリーは続いたのだ。

　だが、バベッカはまったくあきらめていなかった。ブエノスアイレス大学で経済学を学ぶ学生グループに呼びかけ、彼女は自分自身でインフレのデータを集め始めたのだ。彼女の数字は、政府が発表したものとはまったく異なるものであった。二〇〇七年のインフレは八・五％ではなく、実際にはその三倍にもあたる二五％であるとバベッカは推定した。これが示すことは、少なくとも重大なことであった。二〇〇九年にワシントン・ポストに掲載されたリポートは、過少に発表された数字は「インフレに連動する五〇〇億ドル近い債券を保有する投資家を欺くものである」とした。その記事ではアメリカン・タスク・フォース・アルゼンチーナの共同会長を務めるロバート・シャピーロの言葉が引用されていたが、彼はこう説明していた。「これらの債券は毎月、または六カ月ごとにインフレに合わせて元本が調整される。実際のインフレが三〇％であるのに、彼らはたった一〇％の調整しか行わなかったのだ。これは巨額の損失である[61]」

政府は、バベッカや独自にインフレの数値を収集していた多くのコンサルタントたちの口をふさごうとした。二〇一一年三月、彼らは「適切な方法論的要件」を満たしていない統計を収集したかどで一二万五〇〇〇ドルの罰金を課されたが、エコノミスト誌の二〇一一年の記事にあるように、政府が「帳簿を改竄している」ことを考えれば、何とも皮肉な罰金であった。だが、モレノはさらに踏み込んだ。バベッカは、市場を攪乱することを目的に、偽の情報に基づいた数値を公表したとして告発されたのだ。もし有罪となれば、彼女は二年以上六年未満の実刑となってしまう。ただ、政府にはとっては不満であったろうが、裁判所はこれを棄却している。

アルゼンチン政府の努力にもかかわらず、彼らが公表する統計はますます信用を失っていった。エコノミスト誌はアルゼンチンの統計を月次サマリーに掲載することをやめ、こう記した。「二〇〇七年以降、アルゼンチンが発表しているインフレの値を信じる者はほとんどいない……われわれはＩＮＤＥＣの統計を一切掲載しないことに決定した。われわれは有権者をだまし、投資家を欺こうとする意図的とも思われる企みに嫌々ながら付き合うことに疲れ果てたのだ」[60]

かつてアルゼンチン政府はインフレを抑制しようと劇的なまでの努力を重ねていた。一九八五年、インフレが手に負えなくなったアルゼンチン政府は通貨をペソからアウストラルに切り替えた。当初、アウストラルには米ドルの二倍の価値が与えられたが、一九八九年の初めには、一ドルが一一～一二アウストラルの水準に下落した。一九八九年には、アルゼンチンは五〇〇〇％という強烈なインフレを経験し、アウストラルを米ドルに対して一一％切り下げ、企業とは二週間にわたり価格を凍結したうえ、その後も引き上げを制限することで合意するなどの緊縮計画を実行した。月次二五％にもなったインフレに対抗するため、公務員の給与は同程度増額された。また、公共料金や交通料金が三〇％引き上げられ、政府支出も削られた。だが、小売業者がすぐに価格を引き上げ始めたので、この計画も成功の見込みはなかった。一九八九年五月、政府はインフレに対抗するために価格凍結を課したが、その方策もほとんどうまくいかず、ブラックマーケットでの価格は上昇を続けていた。貿易に用いるアウストラルの為替を一ドルを三六アウストラルに固定したが、二カ月後にはその為替も一ドルが一〇五アウストラルにまで下落した。車の価格は一カ月で倍になり、使い捨ておむつなどの商品は二五〇アウストラルから、三週間後には一パック一二〇〇アウストラルにもなってしまう。一方で、アルゼンチン造幣局は、最高額の紙幣である一〇〇〇〇アウストラル紙幣を九〇〇〇万枚も印刷した。銀行からの引き出しも制限された。一九九〇年四月、八万人の公務員が強制的に退職させられた。その時点で、インフレは年二万％まで上昇していたのだ。

政府の役人との会議では、政府によるインフレとの戦いを助けるために一年間、彼らの給与額を凍結するため交渉が行われた。だが、そのときでさえ、エコノミストたちは政府支出を増大させ、自国通貨を安くするために中央銀行がドルを買うという努力も無駄に終わるだろうと予測していたのだ。

ブラジルのインフレ対抗策

一九八六年二月、ジョゼ・サルネイ・ブラジル大統領は、インフレに歯止めをかけるために新通貨クルザードを導入し、およそ二〇年にわたり利用されながらも米ドルに対して大幅に下落してしまった旧通貨クルゼイロと差し替えた。新通貨クルザードは一〇〇〇クルゼイロに対して一クルザードとされた。当初、この計画はうまくいきそうに思われたが、政府が支出を抑えることに失敗すると、商品の販売業者が自分たちの費用をカバーできない公定価格で販売するのではなく、ブラックマーケットで商品を販売し始め、やがてインフレは急騰してしまった。インフレが一〇〇〇％に達した一九八九年一月、サルネイは新たなインフレ対抗策を講じたが、計画が導入された季節にちなんで「サマープラン」と呼ばれた。この計画では、新クルザードが導入され、かつてのクルザードに取って代わったが、旧通貨の価値は額面の一〇〇〇分の一とされた。彼はまた、賃金と価格を凍結したばかりか、六万人の公務員をレイオフしている。新通貨は米ドルに対してあっという間に下落し始める。ブラジル中の商店が計画された価格凍結を出し抜くために価格を引き上げ始めた。時を同じくして、政府は、当時国有企業が支配していた電力、郵便、電話料金の引き上げを発表する。パンやミルクやガソリンなどの定番商品の価格も上昇した。賃金は過去一二カ月間の平均インフレ率を勘案して調整されていたのだが、後に凍結される。新たな方策に対してストライキが発生し、低賃金に抗議した連邦職員の数は八〇万人にも上ったと伝えられた。

一九九〇年四月、フェルナンド・コロール・デ・メロ大統領は議会の承認のもと、議論を呼んだインフレ対抗策を実行した。当時これは、同国が経験している四八〇〇％ものインフレに立ち向かう、史上最も過酷な通貨改革だと考えられていた。マネーサプライを劇的に減少させるべく、その後、一八カ月にわたりブラジル人が銀行や貯蓄口座から引きだすことができる金額に厳格な制限が課された。この施策によって、個人や企業の口座にあった一五〇〇億ドルのうちおよそ一一五〇億ドルが凍結されたと推定された。もちろん、銀行口座を凍結したことで、企業が賃金を支払えないなど、あらゆる種類の問題が起こった。

一九九一年二月、ブラジルの国民は、インフレに終止符を打とうとする政府による五年間で五度目の賃金ならびに価格凍結に直面した。同時に彼らの失望も大きくなった。ゼリア・カルドソ・デ・メロ経済相は、燃料、電力、電話、そして郵便料金を最大七一％引き上げると発表した。これはインフレを抑制するための最後の試みだったのだが、インフレが月に二〇％上昇しており、政府は信頼を欠いていたのだ。一九八六年にクルザード計画が発表されると、当初、国民はこれがうまくいくかもしれないと考え、店舗に行って価格を確認し、値上げを阻止しようとしていたのだが、四度目の価格凍結が行われるころには、だれもうまくいくとは考えなくなっていた。連邦政府が支払う給与を削減するため、コロール政権が物価を監督していた省庁を解体していたことで不信感は高まるばかりであった。ブラジルを完全な自由市場経済にしたいというコロールの発言と、彼の政府による介入政策の増大には矛盾があると批判する者もいた。

ジンバブエ政権によるインフレ指数の操作

インフレ率を国民に知らせないようにする政府の試みのもう一つの例が二〇〇七年七月のジンバブエで見られたが、このとき政府はインフレ統計の発表を一時的に取りやめると言った。これは、政府が同国の急激なインフレから注意をそらさせようとしていることの表れである。中央統計局の局長代理は、新しいインフレ統計は、消費者バスケットにどの商品を入れるべきかを決定する調査が完了しなければ発表されないと述べた。彼はまた、新しいインフレの算出は、ＣＳＯ（中央統計局）のコンピューターが「ウィルス」に感染してしまったために、作業が遅れているとも述べた。あるコメンテーターは、インフレはジンバブエが深刻な不況にあることを示す最も分かりやすいサインで、同国では労働者の八〇％以上が失業し、食糧や燃料や外貨が不足しているのだ、と述べた。インフレが四五〇〇％を超えると、大統領は製造業者や小売店に価格を五〇％切り下げるよう命令した。だが、命令に従わなかった企業経営者や幹部たちは警察によって逮捕され、その数は二〇〇

○人にも及んだ。だが、これが新たな問題を引き起こしたことは言うまでもない。せっけんや砂糖や料理油などの日用品は天文学的な価格をつける非合法のブラックマーケット以外では手に入らなくなってしまったのだ。

中国政府によるインフレ管理の努力

二〇一一年五月、中国当局は、ユニリーバPLCが値上げの計画を公言したことで、せっけんや洗剤などの製品の買い占めが起きたと非難した。中国の経済計画を担う機関である中華人民共和国国家発展改革委員会は、ユニリーバにおよそ三〇万ドルの罰金を科し、同社は近い将来の値上げに関する情報を広め、「市場の秩序」を乱すという違法行為を行ったと述べた。当時政府は、二〇一一年三月に五・四%をつけたインフレの高進と戦っていた。ユニリーバなどの企業は、政府から値上げをやめるよう要請されていたのだ。

二〇一一年四月、中国の中央銀行である中国人民銀行は、融資に回る資金を減らすために銀行の預金準備額を引き上げた。そうすることで、彼らはインフレ率の上昇に歯止めがかけられると期待したのである。あるエコノミストは、預金準備の引き上げは「ホットマネー」が原因となったインフレに対抗するためには最も効果的かつ直接的な方法だと述べた。政府は金利を引き上げるなどより厳しく、より効率的な方策を講じるべきだとする研究者もいた。

二〇一二年、キニコス・アソシエーツの創業者で、エンロンの倒産を予見したことで名を馳せたジェームズ・チェイノスは、同じような状況が中国でも広がっていると主張した。CNNとのインタビューで、彼は「独自の分析の結果、われわれが確信していることの一つが、中国ではインフレが年に四～五％ほど過少に報告されていることだ」と主張した。アルゼンチンと同様に、インフレの数値が誤りであるならば、中国が享受している経済成長の水準（当時で九～一〇％の範囲）も正確ではないということになる。

チェイノスは、政府の公式統計は実情を覆い隠していると疑っていたのだ。「中国では建設機材や鉄道建設などに対する需要が急激に減少しており、住宅販売など多くの事柄がかなり急速に低下している。本格的な不況に突入するかどうかはまだ分からない。われわれが注目している不動産部門は不況に突入するであろうし、もしかしたらすでに突入しているかもしれないと考えている[62]」

繰り返しになるが、同国に投資をしているすべての人々にとって大きな影響があることは明らかだ。だが、国内の経済政策にも大きな影響がある。アルゼンチンでは、インフレ率が低下すれば、インフレに連動する賃金を求めている者たちは、実際の経済情勢を反映した賃金上昇を得られないことになる。中国では、インフレ率が低下すれば、中央銀行は金利を引き下げることで金融政策を緩和することができる。つまり、経済に刺激を与えるという点においては有利なわけだが、インフレ率が上昇（そして金利が上昇）すれば、それがさらに難しくなるわけだ。

フィリピンのデータ規制

誤った事実を伝えたり、自分たちが買った商品を明らかにすることを嫌がる個々人からデータを収集することには欠点があるが、それを収集している政府機関からデータを引きだすにあたっても問題は起こる。われわれがフィリピンで経験したことであるが、フィリピンの貿易産業省は、二〇〇四～二〇一四年までの食品を除く多くの商品に関するデータ提供を求めたわれわれの要請をウェブサイトを通じて拒否してきた。フィリピン統計局もわれわれの要求に抵抗し、求めた情報を提供しなかった。フィリピンの情報公開を行うウェブサイトでさえ、彼らが提供する農産物に関する情報に加え、その他の情報もあくまで内部で利用するためのものだと述べた。われわれは、自転車、自動車、テレビなどの価格に関する情報を求めたのだが、貿易産業省はそれらのデータを提供することを拒んだのだ。

ベネズエラ――紙幣を廃止する

二〇一六年一二月、ボリバルを大量に発行した結果として世界最大のインフレに見舞われていた同国において、ニコラス・マドゥロ大統領は低迷する法定通貨ボリバルに対して大きな需要を生み出したようだと伝えられた。だが、その後、大統領はテレビに出演し、同国の現金の八〇％を占めるといわれる最高額紙幣の一〇〇ボリバル札を七二時間以内に廃止すると発表した。その結果、少額紙幣に人々は殺到し、米ドルに対する為替も上昇した。だが、一〇〇ボリバル札を受け入れる店舗がなければ、国民は来る休暇のために何も買い物ができないのだから喜ぶはずもなく、ベネズエラの一部の都市では暴動が発生し、小売店は略奪の憂き目にあった。危機に直面した国の指導者にはお馴染みの策略を用いたマドゥロは、「国際的なマフィア」が一〇〇ボリバル札をため込み、国境を超えてコロンビアに持ち去ることで、わが国に対するアメリカ主導の「経済戦争」に加担していると非難した。あるエコノミストは「自国経済の現金の五分の四を取り上げることで金融を引き締めようとする政策は、火炎放射器で蚊を殺そうとするようなものだ」と述べた。マドゥロの取った行動は、生産性の低下、石油収入の減少、債務の増加などインフレを助長する根本的な問題に何一つ変化をもたらすことはなかった。

二〇一七年三月、ベネズエラは、高まるインフレの状況を確認する道具であったマネーサプライのデータの公表を取りやめた。前年には、三桁のインフレを隠すためにインフレのデータを発表しなくなっていた。データの公表が取りやめとなる以前の二月に発表されたM2マネーサプライは一年間でおよそ一八〇%も増大していた。M2は現金と小切手、預金などの合計である。財やサービスの生産量が減少したことにM2の急増が重なってハイパーインフレが加速していたのである。

インドの制御努力

二〇〇八年、選挙を前にしたインド政府は、インフレの数値を下げることで再選のはずみにしようとした。そのために取った一つ目の政策が、コモディティの先物取引を停止させたことである。というのも、これが食品価格上昇の一因になっていると考えられていたからだ。二つ目の政策が、燃料価格に補助金を出したことだ。三つ目の政策が、三〇〇〇億ドルの外貨準備を使ってルピーを買い上げることで為替を引き上げたことだ（ルピーが一％上昇すると、卸売物価指数は〇・二％下落すると推定されていた）。

二〇〇八年、インドではインフレが上昇し、政府は財政状態の悪化に直面していた。RBI（インド準備銀行）はベンチマーク金利を過去五年間で最も高い水準まで引き上げたが、これは、そうすることが高まるインフレに歯止めをかけることになると考えたからである。中央銀行の幹部は、インフレを抑えるために「断固たる態度で、効率的に、素早く」行動すると述べた。

二〇〇八年五月、インド政府はさらなるインフレの上昇に直面する。インフレ率は七％超で推移していたが、これは政府が望む水準をはるかに上回るものであった。彼らは、先物市場が食品価格の上昇の一因となっていると考えていたので、コメ、小麦、大豆油、ひよこ豆、ジャガイモ、ゴムの先物取引を禁止した。これは、市場による価格決定という重要なメカニズムを失わせ、取引業者を非課税の、規制のないブラックマーケットに向かわせるだけなので、事態を悪化させることになると批判した者もいた。彼らは、取引の禁止は来る総選挙を視野に入れた政治的動機に基づいた行動で、連立与党は、生活必需品の価格を引き下げるよう声高に唱えている左寄りのパートナーたちに反応しているだけだと述べた。彼らはまた、政府が任命した委員会では、先物取引が価格をつり上げているという確たる証拠は存在しないと言っていたことは驚きだと付け加えた。当時、農作物先物の主要な市場であるインド国立商品デリバティブ取引所の一日平均の取引高は六億ドルであったが、これに比べ、二〇〇六年のインド全体での農業生産量は一二九〇億ドルである。先物市場の小ささからして、さしたる影響はなく、また比較的少額の資金で容易に操作し得ると彼らは述べている。国内では先物取引が禁止されていたが、政府は国内で不足する場合に備えて、秘密裏にシカゴ商品取引所で小麦先物の注文を出していたという噂もあったのだ。

カザフスタンの新通貨の取り組み

一九九三年、カザフスタン政府はインフレ・スパイラルを終わらせることを期待して新通貨を導入した。カザフスタン国民には、旧ルーブル紙幣の利用を取りやめるまでに四日間の猶予が与えられた。これは一九九三年の最初の一〇カ月で月平均三〇％にもなったインフレを鎮静化させることを期待しての行動であった。経済相は、インフレを月次二〇％まで引き下げなかったら、わが国はハイパーインフレに陥りかねないと述べた。

韓国――消費者の圧力

二〇一二年、韓国の消費者は、マクドナルドやほかの多国籍企業が、消費者物価の上昇に対抗しようとする政府に従わずに値上げしたことに抗議した。ほんの数％の値上げだったが、消費者たちはそれに気づき、行動を起こしたのだ。とりわけ学生たちは、ファストフードの価格に敏感だった。二〇一一年には、オリオンやロッテ製菓などのお菓子メーカーが値上げをしたことで厳しい批判を受けた。政治家たちも活発に行動し、二〇〇八年には李明博大統領が、一般財や消費財など五二の生活必需品を監視下に置く命令を出した。だが、監視員たちは、価格が急騰したあとでも、需要は減少しなかったことを発見している。

第9章　素晴らしきデフレの世界

デフレはインフレとは真逆で物価が上昇するのではなく下落する現象だ。多くの経済学者が大きな懸念を抱く現象だが、彼らは物価の下落は経済成長を台無しにし、債務の返済を難しくし、その結果として、消費者は物価の下落が続くと期待して消費を遅らせることになると考えている。前述のとおり、デフレを回避するために、中央銀行は市中から債券やその他の資産を買い上げ、その対価として現金を発行し、市場に流動性を供給することでマネーサプライを増大させようとする。それと同時に、彼らは金利を引き下げる。時にはマイナスの領域まで引き下げることができるのだが、そうすることで人々や企業は借り入れや消費が促され、やがて物価の上昇とデフレの回避につながることになる。

専門家の意見

インフレと同様に、多くの有名な作家や経済学者がデフレに言及してきた。彼らの意見を内容ごとにまとめてみる。

金融政策ではインフレをコントロールできない

●福井俊彦（元日本銀行総裁）「だが、デフレを回避するべく金融政策を実施すべきだとの認識があるが、中央銀行はゼロという下限を超えて金利を引き下げることはできないのだ[63]」

デフレは防ぐべきである

●ベン・バーナンキ（元FRB［連邦準備制度理事会］議長）「デフレを防ぐ基本的な処方箋は、少なくとも建前上は単純なものである。つまり、金融ならびに財政政策を用いて総支出を支え、経済的資源をフル活用して、でき得るかぎり安定した低インフレを維持すればよいのだ。言い換えれば、トラブルを回避する最良の方法は最初からトラブルに巻き込まれないことである[35]」

デフレは債権者と不動産所有者に恩恵を与える

●マイケル・ハドソン（ウォール街の金融アナリスト）「デフレになるということは、ほとんどの市場が収縮し、人々は消費を減らすことになるわけだが、債券の九九％を保有する一％の人々があらゆる資産や収入の増分を独り占めするということだ。デフレとは一％の人々、つまり債権者や不動産所有者に収入が向かうということである[64]」

テクノロジーがデフレを引き起こす

●ケン・モエリス（モエリス・アンド・カンパニー創業者）「テクノロジーとデフレは大きなトレンドだ。つまりミレニアム世代はそれを活用し、生活を向上させているということだ[65]」

●ジム・グラント（グランツ・インタレスト・レート・オブザーバー創業者）「一九世紀最後の二五年間、電力やほかの素晴らしい技術が広がったおかげで、物価は毎年一・五～二％ずつ下落した。人々はこれをデフレとは呼ばなかった、進歩と呼んだのである[66]」

デフレは債務を抱える人々にとって悪いことだ

●マイケル・ハドソン（ウォール街の金融アナリスト）「デフレの定義は二つある。ほとんどの人々は単純に物価が下がること、と考える。だが負債デフレは、住宅ローンの返済やクレジットカードの返済や、学資ローンの返済など人々が債務を返済するために費消しなければならない額の、収入に占める割合が増える場合に発生するものだ[64]」

●ベン・バーナンキ（元FRB議長）「家計や企業のバランスシート（貸借対照表）が悪化したり、銀行が資本不足に陥ったり、また多額の不良債権を抱えていたりと、金融制度が不安定なときはデフレはとりわけ危険なものとなり得る[34]」

デフレとはマネーサプライと信用が収縮することである

●ミッシュ・シェドロック（シトカ・パシフィック・キャピタル・マネジメント投資アドバイザー）　「デフレを適切に定義するならば、マネーサプライと、時価評価した信用が純減となることであるが、そう定義すればデフレはずっと前から世界中に広がっている」[67]

●マレー・N・ロスバード（経済学者、歴史家、政治哲学者）　「通常、デフレは物価全般の下落と定義されるが、物価を引き下げる傾向にあるマネーサプライの減少と定義することもできる。人々の価値観や自由市場での行動の自発的な変化に起因するマネーサプライの変動と物価の変化とを区別することはとりわけ重要だ。ちなみに、政府が無理強いした、マネーサプライの計画的な変動とは異なるものである[68]」

中央銀行がデフレを引き起こす

●ピーター・クレスウェル　「デフレには二種類ある。進歩的なものと破壊的なものだ。中央銀行と彼らが行う『安定化』によって前者は不可能なものとなり、後者が発生する可能性が高まる[69]」

デフレは財やサービスの生産量が増大することで発生する

●ジョージ・ライスマン（ペパーダイン大学名誉経済学教授）「デフレは通常、物価の下落と同義だと考えられている。経済学においてこれほどの間違いは存在しない。物価の下落を『デフレ』と呼ぶことで、繁栄と恐慌とが大いに混同されることになる。というのも、物価を下げる主因は経済的進歩にある。経済的進歩の本質的特徴は、財やサービスの生産量や供給量が増大することだが、もちろん、それは価格を引き下げる要因となる[70]」

人々はデフレを受け入れるべきだ

●カルロス・ゴーン（日産前会長）「デフレに向き合うためには、対抗するのではなく、人々にそれを受け入れさせなければならない[71]」

デフレは悪だ

●ロバート・キヨサキ（リッチ・ダッド・カンパニー創業者）「デフレは望ましくない。インフレはデフレよりも簡単に治すことができる[29]」

●ローレンス・サマーズ（元米国家経済会議委員長）「デフレと長期停滞が現代のマクロ経済における脅威だ[72]」

●ジャック・ケンプ（元米住宅都市開発長官）「真の問題はデフレだ。これはインフレとは反対のことであるが、借り手にとっては同じく深刻な問題だ[73]」

●ガビン・デイビーズ（フルクラム・アセット・マネジメント会長）「インフレが常に最大の問題になるとは限らない。めったにないことだが、デフレのほうが深刻な脅威となり、自分たちが信奉してきた教義の多くを棚上げしなければならないことになる[74]」

●ベン・バーナンキ（元ＦＲＢ議長）「デフレの原因は謎ではない。ほとんどの場合、デフレは、総支出が急減したことの副作用であり、支出の減少があまりに激しいので、生産者たちは買い手を見つけるために継続的に価格を引き下げなければならなくなるのだ。同様に、デフレ現象が生み出す経済的効果は、その他の総支出の急減とほとんど同じである。つまり、景気後退、失業率の上昇、財政的圧迫である[35]」

デフレは善だ

●ミッシュ・シェドロック（シトカ・パシフィック・キャピタル・マネジメント投資アドバイザー）「デフレを怖がるべきではない。それに抗おうとする政策を恐れるべきである[75]」

物価の下落傾向と収入の増加

近年、アメリカのウォルマートやターゲットやヨーロッパのアルディなどの大型小売店や、アマゾンやアリババなどのオンラインプラットフォームの影響によって、中央銀行がインフレ政策を実行しているにもかかわらず、広い範囲で商品の価格が下落、または少なくとも安定している。価格決定力は、製造業者からオンラインまたは実店舗を持つ流通業者や小売店に移ってきたのだ。また、品質改良の面でも革命が起こり、車や携帯電話、コンピューターやインターネットなどかつての贅沢品を、何百万人もの人々が普通に所有するようになっている。

ＦＡＯ（国連食糧農業機関）は世界中の食糧価格を追跡し、現地の価格を米ドル建てに転換し、二〇〇二〜二〇〇四年の平均値を一〇〇とした指数を算出している。毎月更新される指数は、肉、シリアル、油脂、乳製品、砂糖などの価格から構成されている。信用と通貨が膨張することでドルの供給量が増大しているアメリカをはじめとする各国政府が、それらの価格に用いられる通貨の価値を減少させていることは言うまでもない。通貨の減価が進むにつれ、食糧のコストが増大していることは明らかだ。だが、世界中で食糧を生産し、運搬するためにかかるコストを削減するために、テクノロジーと資本が毎日のように投入されている。肥料と防虫剤が改善され、機械によって農業の効率性が高まり、流通機構も改善されるにつれて、食糧を手に入れることはますます容易になっている。これらの変化の結果、通貨が減価しているにもかかわらず、価格は下落するか、少なくとも安定しているのだ。トルコにおける食品流通の変革は、物価が収入の上昇と連動しないことを示す一例である。トルコでは長い間、食糧価格のインフレは慢性的な問題だと認識されていた。そこで政府は、食品の卸売りと小売り制度の見直しを図ることで、競争を高め、中間コストを削減しようとした。これらの対策がもたらした影響の一つが、ＣＰＩに占める「食品および飲料」のウエートが一九九四年の三一％から二〇一八年には二三％に低下したことに見て取れる。冷蔵技術や梱包技術が低いことで廃棄物が出るならば、食品のコストが上昇するのは当然だ。この問題は、組織的に小売業を近代化した結果、徐々に解決されてきた。だが、小売りされる食品の四〇％が近代化された体制の下で販売されているが、残りの六〇％はいまだ冷蔵もできない青物市で販売されているのだから、なすべきことはまだたくさんあるのだ。また、農家と消費者とを仲立ちする中間業者の数を減らさなければならない。いまだその変化は続いている。例えば、オンラインショッピングの隆盛によって、多くの流通段階が排除され、その結果価格が低下してきている。

食糧と金

チャールズ・ボラムは多くの国々の通貨制度を研究し、いかなる国家の通貨や金融政策とも関係のない価値基準を持つことが重要だと考えるようなった。彼は、実際に「通貨を基準」に価格の変動を見るよりも、比較的安定している「金（ゴールド）を基準」にして

図1　金建てのFAO食糧価格指数（2002/01～2017/06の月次データ）

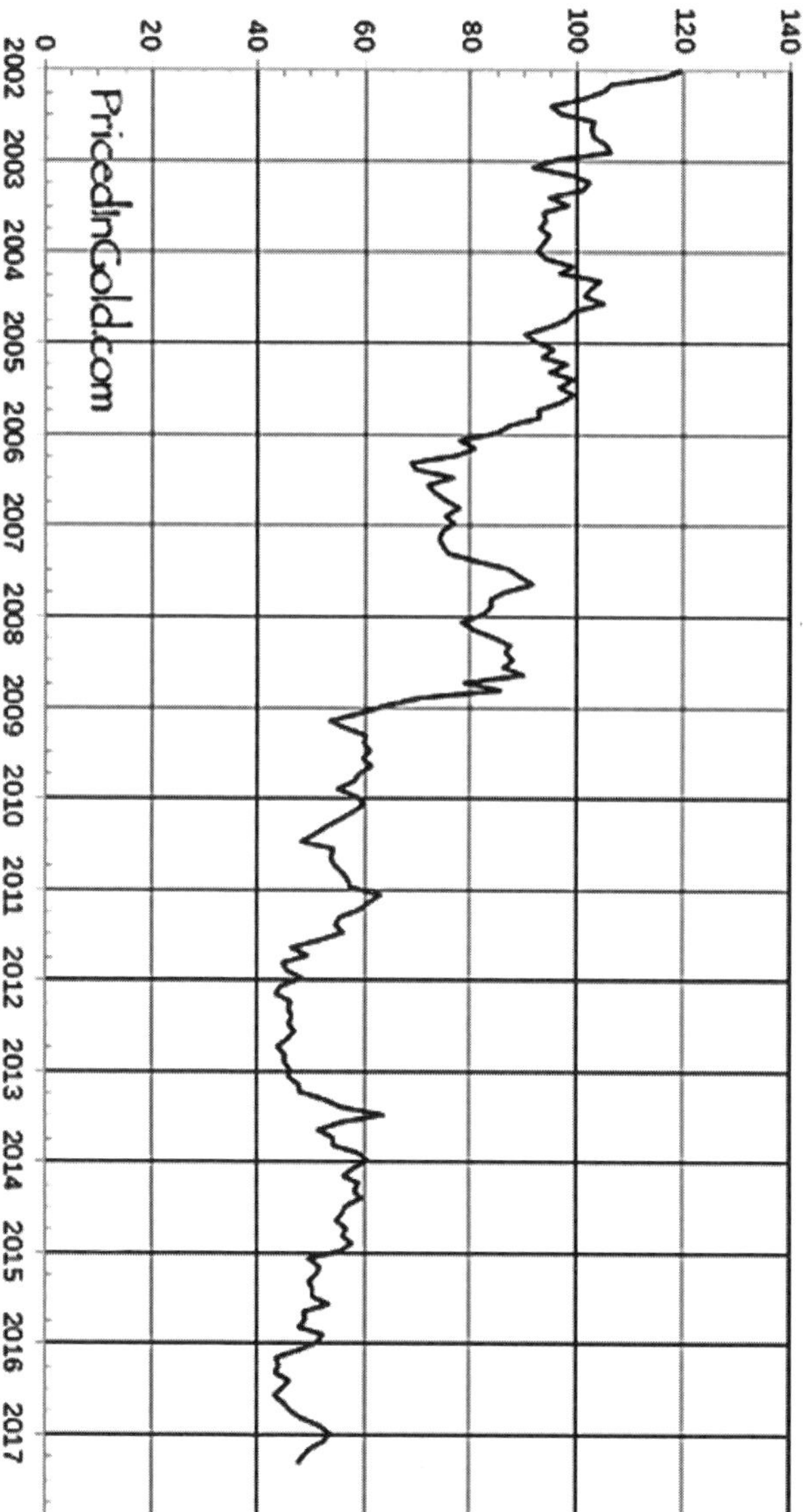

注＝2002～2004年を100とする

見たほうが正確性は高いと理論づけた。そう考えたボラムはゴールド・モノクル・グループを創業し、二〇〇七年にプライスト・イン・ゴールドのウェブサイト（http://pricedingold.com/）を立ち上げた。彼は、通貨の違いや為替の変動に対応するために、金建てで食糧価格を研究したのだ。通貨の価値が一貫して下落しているなかで、金こそは共通の長期的な価値基準となると彼は考えたのだ。食糧を一オンス当たりの金で測ると、大幅なデフレとなっていることを彼は発見した。二〇〇二年、ＦＡＯの食糧価格指数は金建てとすると一二〇であったが、これが二〇一七年にはおよそ五〇となった。ちなみに、同期間で金価格は二〇〇二年の一オンス二八〇ドルから二〇一七年には一二九〇ドルまで上昇している。

生産性とデフレ

デフレを懸念する者たちが生産性の影響を見落とすことがしばしばある。賃金の増加や失業率の低下などを前にしてＦＲＢが金利を引き上げることがアメリカで懸念されたとき、生産性の向上は見落とされていた。完全雇用が達成されている状況下でも、企業がすべての労働者からより多くの生産物を絞り出すことはできるのだ。近年における労働者一人当たり生産量の増大や生産性の向上は例外ではないし、少なくとも統計がそれを示している。検証してみると、生産性の向上は製造業だけでなくサービス業にも見られるのだ。ロボットや省力機械に投資が行われるなかで、生産性は向上する運命にある。サービス業界でも、声認証や顔認証のほか非接触決済などのテクノロジーを用いた小売業を見れば、それらのテクノロジーが生産性やサービスの質をどのように引き上げているかが分かる。

概して、生産性は収入の増大と経済成長の重要な特色である。インターネットの拡大やスマートフォンの低価格化と普及からも分かるとおり、近年最も著しい発展を遂げたのが、通信技術が向上した結果、世界中に知識が広まったことである。さらに重要なのが、かつては生産性を左右する重要な知識はおもにアメリカやヨーロッパや日本などのいわゆる先進国で生み出されてきたが、現在は中国やインドやブラジルやロシアなどの途上国でイノベーションが生まれることが増えていることだ。

二〇一五年後半の時点で各国のR＆D（研究開発費）への支出額を見ると、中国はすでにアメリカに近づいてきており、アメリカが毎年費消する五〇〇〇億ドルに近い金額を支出している。中国の支出額は遠からぬ将来、この額を上回るものと予想されている。さらに、途上国市場で登録される特許の数も非常に速いペースで増大している。インドや中国など、ともに一〇億人を超える人口を抱える地域に知識が広まれば、それも当然と言える。これらの国々はアメリカやヨーロッパ諸国や日本から獲得した知識をさらに展開していくことが予想される。そして彼らは知識とイノベーションの階段をさらに一つ上がることになるのだ。

テクノロジーとデフレ

テクノロジーの進歩によっていくつかの業界では価格が劇的に下落している。一九九七年にＤＶＤプレーヤーが発売されたときの価格は一〇〇〇ドルであった。それが二〇〇〇年には一〇〇ドルまで低下した。さらに三年後には五〇ドルで手に入るようになり、二〇一八年にはたった二〇ドルしかかからないということもある。これは新しい現象ではない。一八七〇年代や一八八〇年代の巨大デフレはテクノロジーの進化の結果、物価が下落したことも要因となっていたのであるが、これがアメリカのような国では成長につながり、イギリスのようなすでに産業化が進んでいた国では困難を引き起こした。

演算能力のコストも劇的に下落している。一九〇〇年に一〇〇〇ドルで手に入った演算能力は、今日可能となっている演算能力と比べれば、ごくわずかなものにすぎない。ＧＢ（ギガバイト）当たりのストレージ価格も一九五〇年代後半はおよそ一〇〇万ドルだったが、二〇一七年には〇・一ドル以下まで下落した。同時に、ハードドライブのストレージ容量も〇・〇一ＧＢから一〇〇〇ＧＢを大幅に上回るまで増大している。

テクノロジーがコストに与える影響は多くの面で容易に見て取れる。例えば、消費財の販売をオンラインと実店舗とで比較すると、大きな差があることが分かる。クライナー・パーキンスは、オンラインの消費財と実店舗の消費財の価格をそれぞれ二〇一六年第１四半期と二〇一八年第１四半期とで比較検証したところ、実店舗の価格は一％ほどの下落となったが、オンラインの価格は三％下落していた。

サービス業の分野では、共有空間の活用が大いに増加した。Ａｉｒｂｎｂのゲスト側の利用者数も、ホスト側の登録数も二〇〇九年から二〇一八年にかけて劇的に増加した。ゲスト側の利用者数は二〇〇九年にはほぼゼロであったが、二〇一八年には八〇〇〇万人にまで増加し、ホスト側の登録数はほぼゼロから五〇〇万件にまで増加した。

Ａｉｒｂｎｂが大幅に安い宿泊費を提供していることで、一泊当たりの宿泊費に対する影響は驚くべきものがあった。例えば、ニューヨーク市では二〇一八年一月時点のホテル

図2　オンラインと実店舗での消費財価格

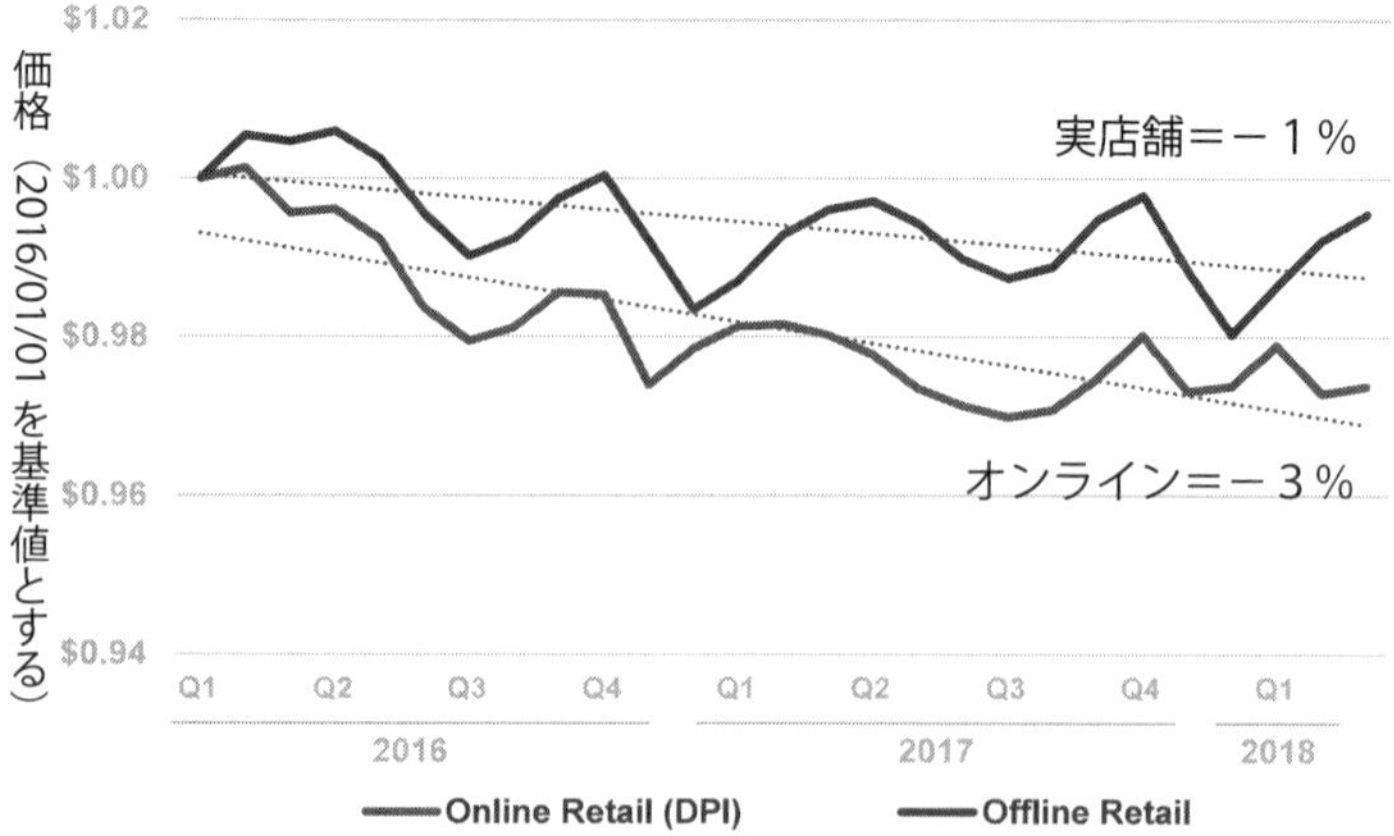

出所＝クライナー・パーキンス[76]

図３　Airbnbのゲスト側利用数とホスト側登録数――全世界のホスト側登録数が月500万件に

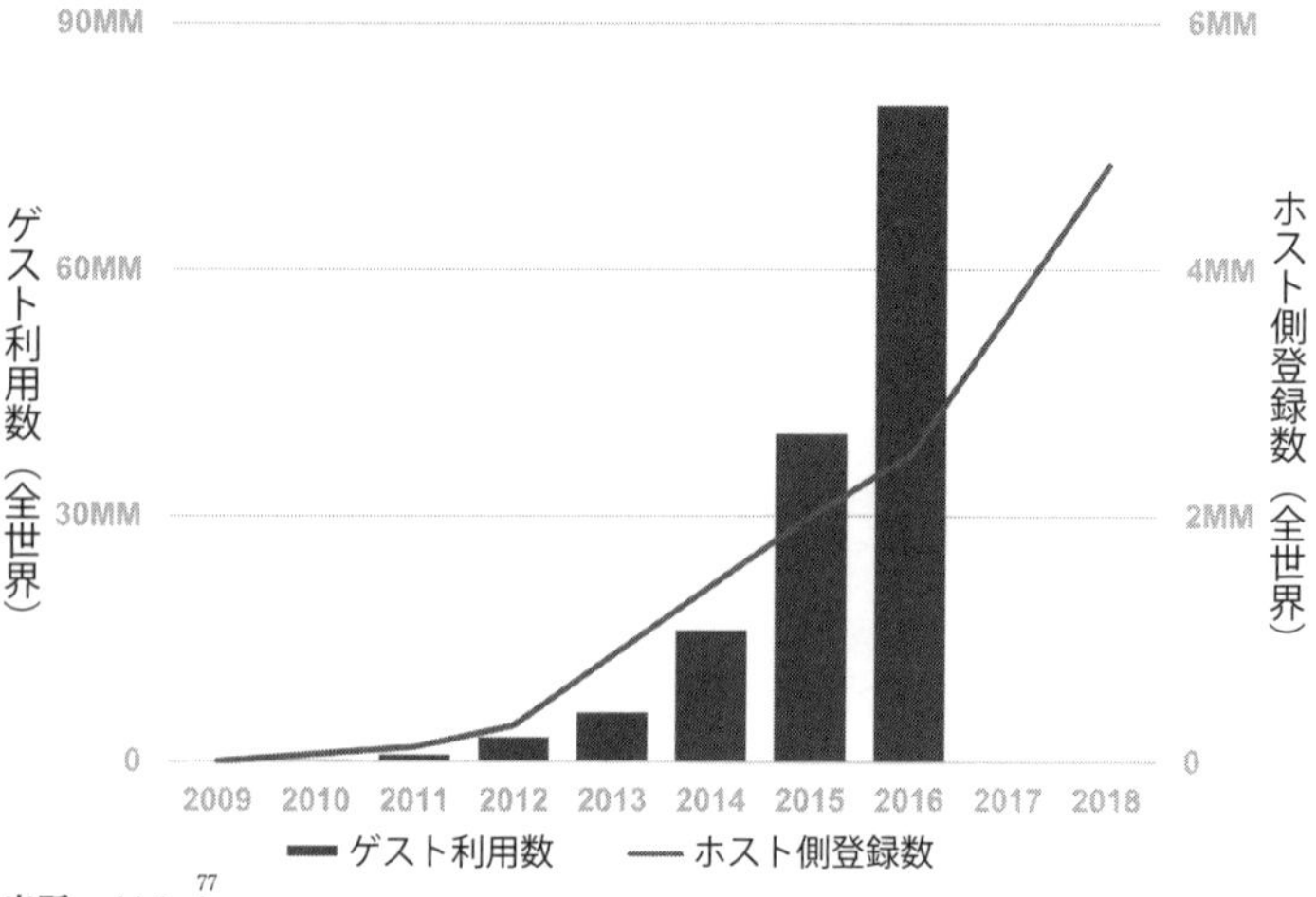

出所＝Airbnb[77]

の平均室料は三〇六ドルほどであったが、Ａｉｒｂｎｂの平均は一八七ドルである。シドニーではホテルの平均室料が二四〇ドルである一方、Ａｉｒｂｎｂは一九一ドル。東京では桁違いの差が生まれ、ホテルの室料が平均二二〇ドルである一方、Ａｉｒｂｎｂは九三ドルであった。ロンドンやトロント、パリ、モスクワ、ベルリンなどの都市でも大きな差があることが分かる。

交通運輸についていえば、ウーバーやほかのオンラインサービス業者の出現によって、そのコストは下落している。ニューヨーク市では、二〇一七年の週平均通勤費が二一八ドルである一方、ウーバーＸやウーバー・プールの費用は一四二ドルである。シカゴでは、一一六ドルと七七ドルの差となり、ワシントンＤＣでは一三〇ドルと九六ドルとなった。ロサンゼルスでは、自家用車の平均コストが八九ドルとなった一方で、ウーバーＸやウーバー・プールの平均コストは六二ドルであった。この差が逆転したのはテキサス州ダラスだけである。ダラスでの自家用車による週当たりの通勤費は六五ドルとなり、一方、ウーバーＸやウーバー・プールの費用は一八一ドルであった。もちろん、ニューヨークの通勤費よりは安いのだが、ダラスはほかの都市と比べてみても例外である。

図4　Airbnbとホテルの比較――１泊当たりの平均室料

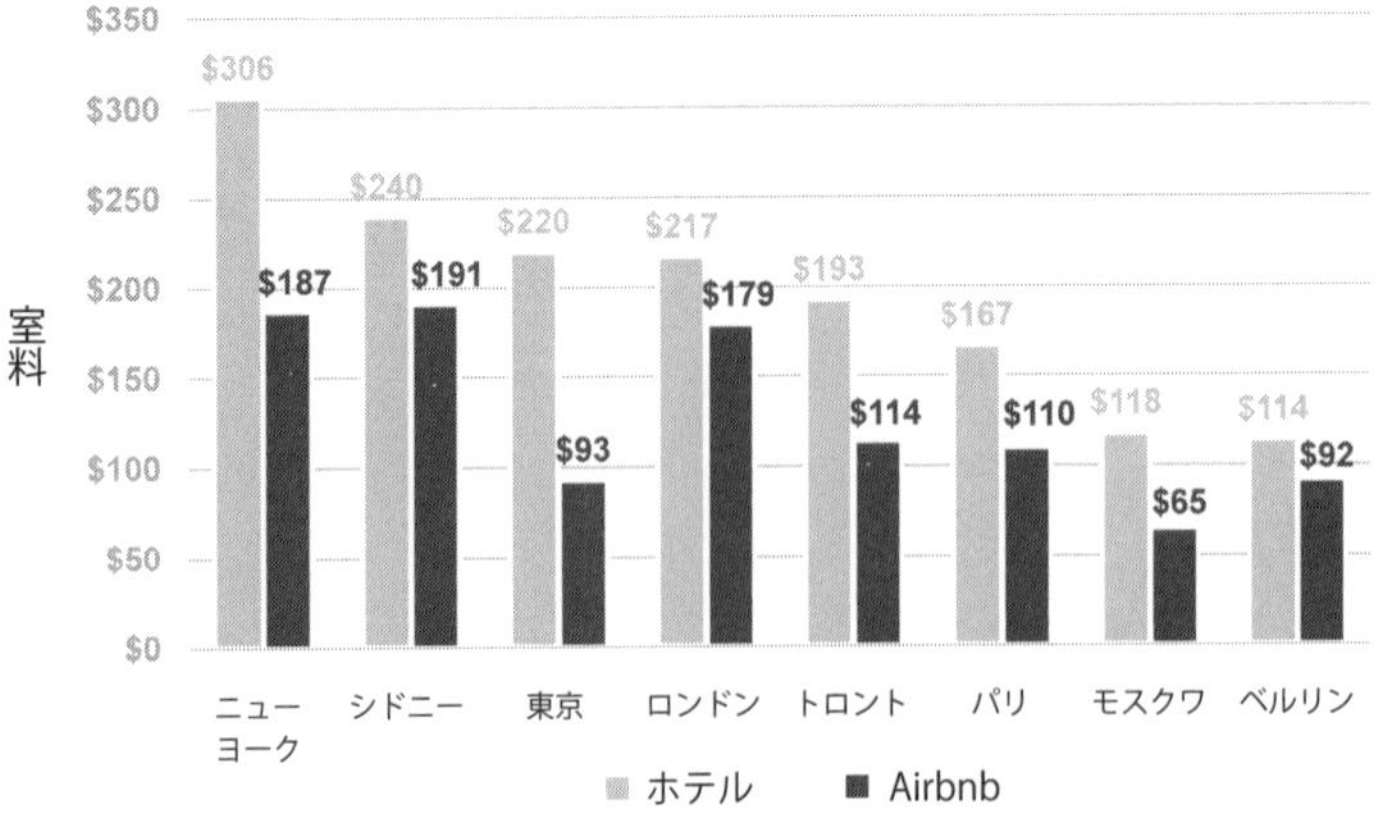

出所＝Airbnb[77]

図5　ウーバーXとウーバー・プール対自家用車の比較――週当たり通勤費（2017年の全米５都市）

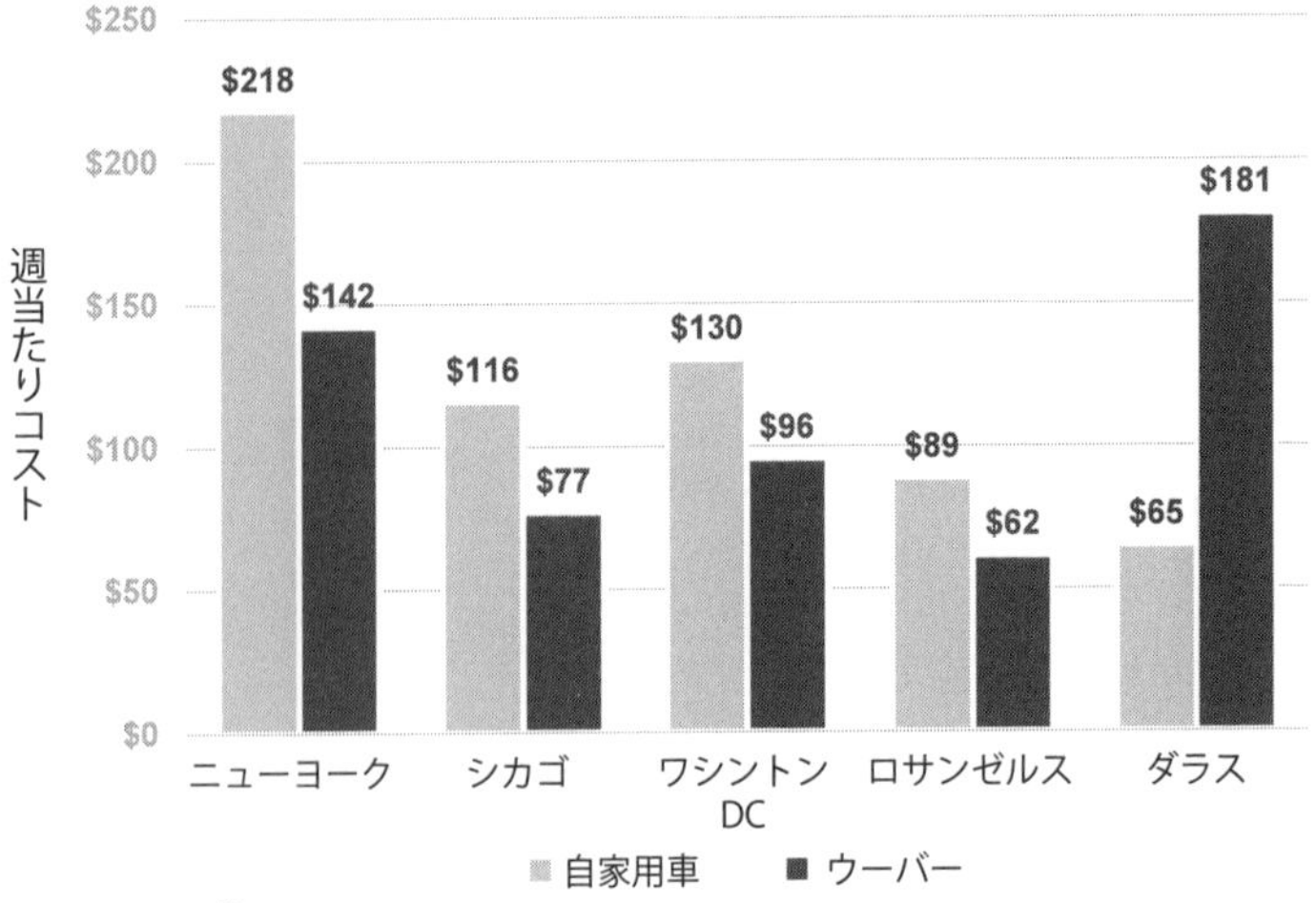

出所＝ウーバー[78]

間近にあるデフレ――シンガポールとマレーシアの物価

二〇一八年、シンガポールに住む人々はほんの一時間をかけてマレーシアのジョホール州に行けば、同じ商品をシンガポールの半値以下で見つけることができた。物価の違いは非常に大きなものがあったのだ。それゆえ、自動車やバスのチケットがあれば、シンガポールからジョホール州まで旅をすることで、インフレを半分以下に抑えることができたのだ。

	マレーシア	シンガポール	価格差
ガソリン（1リッター）	2.22 RM (0.75 S$)	6.59 RM (2.23 S$)	+197%
フォルクスワーゲン・ゴルフ 1.4/90KW（または同水準の新車）	148,466.25 RM (50,149.06 S$)	355,259.90 RM (120,000.00 S$)	+139%
水道光熱費（85 ㎡のアパートの電力、暖房、冷房、水道、ごみ処理）	181.53 RM (61.32 S$)	431.64 RM (145.80 S$)	+138%
プリペイド式携帯電話の国内通話1分当たり（割り引きなし）	0.26 RM (0.09 S$)	0.47 RM (0.16 S$)	+84%
インターネット（60 Mbps 以上、データ無制限、ケーブル・DSL）	163.24 RM (55.14 S$)	138.32 RM (46.72 S$)	-15%
フィットネスクラブ（大人1人の月額）	140.58 RM (47.49 S$)	407.48 RM (137.64 S$)	+190%
外国映画（1人）	15.00 RM (5.07 S$)	35.53 RM (12.00 S$)	+137%
保育園または幼稚園（終日預かり）/私立（子供1人当たりの月額）	619.38 RM (209.21 S$)	2,828.03 RM (955.26 S$)	+357%
ジーンズ（リーバイス 501 または同等物）	218.93 RM (73.95 S$)	286.73 RM (96.85 S$)	+31%
紳士用革靴（1足）	258.82 RM (87.42 S$)	394.63 RM (133.30 S$)	+52%
都市中心部のアパート（1ベッドルーム）の月額賃料	1,462.67 RM (494.06 S$)	8,556.22 RM (2,890.13 S$)	+485%
都市中心部のアパートの1平米当たり単価	8,640.44 RM (2,918.58 S$)	72,143.95 RM (24,368.85 S$)	+735%

表1　マレーシアとシンガポールの価格差（2018年5月）

	マレーシア	シンガポール	価格差
食事（大衆レストラン2人分）	10.00 RM (3.38 S$)	44.41 RM (15.00 S$)	+344%
マクドナルド	13.00 RM (4.39 S$)	23.39 RM (7.90 S$)	+80%
地ビール（0.33 リットル　生）	13.50 RM (4.56 S$)	29.60 RM (10.00 S$)	+119%
コーラ / ペプシ（0.33 リットル ボトル）	2.27 RM (0.77 S$)	5.11 RM (1.73 S$)	+125%
ミネラルウオーター（0.33 リットル　ボトル）	1.28 RM (0.43 S$)	3.86 RM (1.30 S$)	+201%
牛乳（全乳1リットル）	6.86 RM (2.32 S$)	9.26 RM (3.13 S$)	+35%
コメ（白米1キロ）	3.94 RM (1.33 S$)	8.38 RM (2.83 S$)	+113%
卵（標準 12 個）	5.22 RM (1.76 S$)	8.29 RM (2.80 S$)	+59%
リンゴ（1キロ）	9.97 RM (3.37 S$)	13.64 RM (4.61 S$)	+37%
バナナ（1キロ）	5.30 RM (1.79 S$)	8.20 RM (2.77 S$)	+55%
トマト（1キロ）	4.71 RM (1.59 S$)	8.06 RM (2.72 S$)	+71%
タクシー初乗り（通常運賃）	3.00 RM (1.01 S$)	10.36 RM (3.50 S$)	+245%

注＝RM（マレーシア・リンギット）、S$（シンガポール・ドル）

デフレ化する万博

政府のインフレ統計を用いて、何かの過去の値段と今日のそれとを比較する記事に出くわすことが多い。インターネットサイトのヤフーで紹介された「ホワット・イット・ウド・コスト・トゥデー（What it Would Cost Today）」という研究は、一九三九年にニューヨークのフラッシングメドウで開催された万博に注目したものだった。当時二歳だった私は、一九三九年の万博に連れていってもらい、大きな建物や人ゴミをおぼろげながら覚えているので、この記事は大事に取ってあるのだ。薄給の労働者だった私の父にとって、私の母や私、二人の兄を連れていくことは相当に贅沢なことだったに違いない。その記事はミネアポリス連銀が提供しているオンライン上のインフレ計算機を用いて、仮に一九三九年の万博を訪れた者がそこで見たり食べたりするのに二〇ドルを使ったとしたら、二〇一六年の水準ではおよそ三四〇・〇〇ドル使ったことになると主張している。その記事では一九三九年の入場料が〇・七五ドルであり、それは二〇一六年では一二・七六ドルに相当するとしている。だが、今日のディズニーランドがそうであるように、すべてのアトラクションを利用したり、その他にもさまざまな費用がかかるとすれば、一九三九年の〇・七五ドルという入場料だけでは済まず、すべてを勘案すれば二〇ドルにはなるとこのミネアポリスの統計学者は推定している。このすべてを含めた費用が二〇一六年の三四〇ドルに相当するというわけだ。

セントルイス連銀によると、一九三九年の「製造業の非管理職」の時間当たりの平均賃金は〇・五〇ドルであり、二〇一六年は二〇・四八ドルであるという。八時間労働と仮定すると、一日の平均賃金は一九三九年が四・〇〇ドル、二〇一六年が一六三・八四ドルとなる。つまり、万博の基本入場料が〇・七五ドルとすると、一九三九年の平均日給の一八％となるが、二〇一六年の平均日給ではたった八％ということになる。仮に来場者が入場料を支払う以外に、すべてのアトラクションを利用したとすれば、二〇ドルという総額は一九三九年の日給の五倍になるが、二〇一六年では二倍にしかならない。明らかにデフレと言えるケースだが、さらに重要なことは、新たな音声映像技術が満載の二〇一六年の万博は一九三九年のそれとはまったく異なるものとなるであろうということだ。私の父や母は今日目にすることになるものに驚くであろうが、はるかに安くなっていることを喜びもしただろう。

収入と費用を関連付ける

財やサービスの価値と、それらを購入するために実際に支払う額が所得に占める割合とを関連付ければ、われわれがデフレを経験していることを示すことができる。デフレは、生産性の向上と、より少ないコストでより多くの優れた財やサービスを生産できる人間の能力とを反映しているのであるから良いことなのだ。

だが、経済学でしばしば見られるように、現実世界は理論が語るよりも複雑である。なぜなら、短期的なデフレは困難を巻き起こすかもしれないが、長期的には、デフレ圧力は世界経済にとって前向きな結果を生んできているからだ。前述のとおり、食糧価格がその好例だ。通貨を基準にインフレを測定しているので分からなくなっているのだが、実際のところ食糧価格は一九六〇年から一九八〇年にかけて大幅に下落しており、一九九〇年代後半まではわずかに上昇したけれども、それ以降は下落トレンドにあるのだ。

デフレ統計

生産量の増大と収入の増加とを比較するための適切なデータを入手することは難しい。多くのデータ系列が年月を重ねるにつれ同じ商品を取り上げられなくなるので、財と収入の双方にふさわしいデータを入手することができないのだ。食料品は時間が経過してもその特徴が大きく変化することはないので、このカテゴリーに焦点を当てるのが最も良い。自動車や家電、その他工業製品などの科目でも、長年にわたってデフレが進行していることは明らかである。それゆえ、これらの科目も加え、品質や信頼性の向上を勘案すれば、デフレの検証は強化されることになるだろう。

アメリカ、シンガポール、中国、日本、そしてインドで対応するデータを入手することはできたが、データが不足しているため、国によって年度の開始日と終了日が異なっている。いずれの場合も、統計が大ざっぱであることは認めざるを得ないが、それでも世界的にデフレトレンドであることを明確に示している。

アメリカのデフレ

アメリカ労働統計局の一九七二年から二〇一七年のデータによると、アメリカの家計では、家への支出が一二％から一七％に、年金や保険への支出が七％から一〇％に、医療費が五％から七％に増加し、娯楽、衣類、食品、交通への支出が減少している。二〇一七年までに衣服に対する支出が家計の全支出に占める割合はおよそ一二％から三％程度まで減少している。言い換えれば、家を除くこれら生きていくために欠かせない商品に対する支出は減少しており、全体の支出に占める割合も小さなものにすぎない。家については、アメリカ人の住宅は平均すると世界で最も大きなものなので、本来の必要性をはるかに超える支出をしたのであろう。

一九三〇年から二〇一七年までの期間で、アメリカでのさまざまな一次産品の価格変化や、一般的な労働者が受け取る平均月収の変化を検証すると、賃金の増大が食糧価格のそれを大幅に上回っていることが分かる。商品バスケットを構成するのは、小麦粉、鶏肉、牛肉、卵、コーヒー豆、砂糖、チーズ、牛乳である。一九三〇年から二〇一七年の期間で、卵の価格変化が最も小さく二八三％、最も大きかったのが牛肉の一五七一％である。年複利

表2　アメリカでの商品価格の変化率

価格変化	価格変化（%）								食品全体の単位当たり平均変化率
	小麦粉（1ポンド）	鶏肉（1ポンド）	牛肉（1ポンド）	卵（1ダース）	コーヒー豆（1ポンド）	砂糖（1ポンド）	チーズ（1ポンド）	牛乳（1クオート）	
1930年の価格（米ドル）	0.05	0.37	0.34	0.52	0.40	0.06	0.59	0.14	0.31
2017年の価格（米ドル）	0.47	1.90	5.68	1.99	4.29	0.63	4.03	0.73	2.46
単位価格変化率（%）	919.6%	417.7%	1570.6%	282.7%	987.1%	929.5%	582.2%	417.7%	701.5%
CAGR（1930～2017年）	14.6%	10.2%	18.0%	8.2%	15.1%	14.7%	12.0%	10.2%	13.0%

出所＝アメリカ労働統計局[79]

表3　アメリカでの業界別一般従業員の平均月給の変化率

月給の変化率%	平均月給の変化率（%）								全業界の平均月給の変化率%
	農業・林業・漁業	製造業	鉱業	建築業	運輸	通信・公共事業	卸売・小売り	金融・保険・不動産	
1930年の月給（米ドル）	388	1,488	1,424	1,526	1,610	1,499	1,569	1,973	1,435
2017年の月給（米ドル）	28,840	56,063	77,138	49,930	37,070	70,995	44,742	59,000	52,972
月給の変化率%	7333.0%	3667.7%	5317.0%	3172.0%	2202.5%	4636.2%	2751.6%	2890.4%	3592.4%
CAGR（1930～2017年）	28.8%	23.8%	26.5%	22.8%	20.3%	25.5%	21.8%	22.1%	23.7%

出所＝アメリカ労働統計局[79]

上昇率に直すと、卵が八％、牛肉が一八％である。商品全体では年平均一三％の上昇である。一方で、賃金の変化を検証すると、平均月収の上昇は、最も小さい卸売業および小売業で二七五二％、最も大きかった農業・林業・漁業で七三三三％であった。すべての労働者の平均は一九三〇年から二〇一七年までに三五九二％上昇し、年複利上昇率に直すと二四％である。これが、食品の平均一三％上昇を上回るものであることは言うまでもない。

シンガポールのデフレ

シンガポールの物価および収入の調査は二〇〇一年から二〇一七年を対象とした。タイ米やインスタントラーメン、果物各種、砂糖、インスタントコーヒーなど二七の多岐にわたる食料品の価格データを入手した。この期間における食料品とその他を加えた三七商品の価格の平均変化率はおよそ四〇％である。

次に、雇用者による年金積み立ての拠出額も含めた在住正社員の、総月収に目を向ける。職業については、マネジャーや公務員、個人事業主、専門職、技師・准専門職、事務職、サービスおよび販売業、技能工・関連職、設備・機械の運転・組立工、単純作業の従事者と

表4　シンガポールでの商品価格の変化率

価格変化	価格変化（%）								食品全体の単位当たり平均変化率
	タイ米（5キロ）	パン（400グラム）	インスタントラーメン（5袋）	豚肉（1キロ）	牛肉（1キロ）	卵（10個）	食用油（2キロ瓶）	魚（3キロ）	
2001年の価格（シンガポール・ドル）	8.07	1.26	1.53	9.46	13.11	1.44	3.65	8.26	5.85
2017年の価格（シンガポール・ドル）	13.01	1.63	2.26	15.52	23.26	2.09	5.96	11.13	9.36
単位価格変化率（%）	61.2%	29.4%	47.7%	64.1%	77.4%	45.1%	63.3%	34.7%	60.0%
CAGR（2001～2017年）	2.8%	1.5%	2.3%	3.0%	3.4%	2.2%	2.9%	1.8%	2.8%

表５　シンガポールでの業界別一般従業員の平均月給の変化率

月給の変化	月給の変化率%								全業界の平均月給の変化率%
	マネジャーと公務員	個人事業主	専門職	技師・准専門職	事務職	サービスおよび販売業	技能工・関連職	設備・機械の運転・組立工	
2001 年の月給（シンガポール・ドル）	6,000	2,600	4,350	3,000	2,088	1,508	1,885	1,508	2,867
2017 年の月給（シンガポール・ドル）	10,714	4,000	7,225	4,297	2,916	2,340	2,670	2,000	4,520
月給の変化率%	78.6%	53.8%	66.1%	43.2%	39.7%	55.2%	41.6%	32.6%	57.6%
CAGR（2001～2017 年）	3.5%	2.6%	3.0%	2.1%	2.0%	2.6%	2.1%	1.7%	2.7%

いった具合である。二〇〇一年から二〇一七年の期間で、総月収の平均値は五八%増大した。基礎食糧についても、二〇〇一年から二〇一七年にかけて企業側は素晴らしい結果を残しており、その間の従業員のシンガポール・ドルでの収入は安定的に増加している（**表5**）。だが、足並みのそろわないコモディティ価格もいくつか存在し、通常は価格が年一～五%上昇しているなかで、二〇%も上昇した品目もある。だが、毎年のように下落した品目も存在した。

日本のデフレ

日本に関する調査では、国全体だけでなく、東京圏を取り上げたが、これは東京が首都であり、より詳細な物価のヒストリカルデータを公表しているからである。われわれは、総務省統計局、厚生労働省、東京都統計年鑑から情報を入手することができた。

日本は20世紀の半ばから大幅に就労構造が変化し、農業に従事する労働人口の割合は四〇%から五%以下に減少したが、それでも食糧価格の上昇は賃金のそれよりもはるかに小さなものであった。

日本全体の物価ならびに給与の上昇については、一九六三年から二〇一七年まで入手することができた。商品については、精白パン、小麦粉、マグロ、牛肉、豚肉、トマト、リンゴ、緑茶、日本酒に着目した。とりわけコメを除外しているのは、価格統制によって価格上昇の平均が引き下げられているだろうと考えたからである。塩やしょう油などの必需品の小売価格は一九八〇年代から変わっていない地域もあるが、一九八〇年から小売価格が下落している商品もある。

職業については、会社員、タイピスト、技術者、運転手、大工、電気工事技師、歯医者、薬剤師、看護師、大学教授など幅広い範囲に目を向けた。運転手や大工など技術集約的な職業の平均賃金は、大学教授や歯医者など知識集約型の職業よりも早い一九九〇年代にピークを付けた。その後、賃金は二〇〇〇年以降、概して緩やかな下落トレンドを示している（**表7**）。

全体で見ると、一九六三年から二〇一七年にかけてすべての商品の平均価格が三九三％上昇した一方で、現金所得の平均は同期間に九六〇％上昇している。平均的な日本の労働者が生活必需品のインフレの被害を被っていないことは明らかだ。さまざまな職業を個別に見てみると、一キロ当たりのマグロの価格が技術者の月給に占める消費の割合は一九六

表6　日本での商品価格の変化率

価格変化	価格変化（%）									食品全体の単位当たり平均変化率
	精白パン（1キロ）	小麦粉（1キロ）	マグロ（1キロ）	牛肉（1キロ）	豚肉（1キロ）	トマト（1キロ）	リンゴ（1キロ）	緑茶（1キロ）	日本酒（1リットル）	
1963 年の価格	101.2	67.0	521.8	654.3	607.5	76.9	76.7	614.1	290.4	334.4
2017 年の価格	465.7	251.5	2,596.8	3,343.7	1,444.9	661.7	417.5	4,810.5	860.3	1,650.3
単位価格変化率（%）	360%	275%	398%	411%	138%	760%	444%	683%	196%	393%
CAGR（1963 ～ 2017 年）	2.9%	2.5%	3.0%	3.1%	1.6%	4.1%	3.2%	3.9%	2.0%	3.0%

表7　日本での業界別月次の現金収入の変化率

月収の変化率%	現金収入の変化（%）										全業界の平均月収の変化率%
	会社員	日本語タイピスト	技術者	運転手	大工	技術者	歯医者	薬剤師	従業員	大学教授	
1963 年の月収	23,615	18,761	28,720	36,919	34,489	32,262	58,491	32,929	22,651	77,720	38,644
2017 年の月収	344,900	NA	388,500	364,700	276,400	342,500	604,600	388,300	331,900	644,500	409,589
月収の変化率%	1360.5%	NA	1252.7%	887.8%	701.4%	961.6%	933.7%	1079.2%	1365.3%	729.3%	959.9%
CAGR（1963 ～ 2017 年）	5.1%	NA	4.9%	4.3%	4.0%	4.6%	4.4%	4.7%	5.1%	4.0%	4.5%

三年から二〇一七年の期間で一・八％から〇・七％に減少している。運転手では一・四％から〇・七％、歯医者が〇・九％から〇・四％、看護師が二・三％から〇・八％に減少している。緑茶の場合、日本人の食事でとても重要な緑茶一キロの消費が月給に占める割合は、一九六三年から二〇一七年の期間に技術者で二・一％から一・二％、運転手で一・七％から一・三％、歯医者で一・一％から〇・八％、看護師で二・七％から一・五％に減少しているといった具合だ。

インドのデフレ

一九六〇年から二〇一〇年までの期間で入手できたインドの賃金とコモディティ価格の統計を見ると、コメ、小麦、モロコシ類、ヒエ類、トウモロコシなどの消費が賃金に占める割合は平気的な賃金労働者の間では実際に下落していることが分かる。もちろんコメがインド人の主食であるが、西部や南部の地域ではモロコシ類が主食となっており、粉末にひかれ、ロティやパンの材料となる。ヒエ類もパンや餅の材料として広く用いられている。統計を見ると、事務員たちにとってはこれらのコモディティが安くなっていることが分かる。一九六〇年、事務員は月給の〇・四％ほどをコメが占めているが、二〇一〇年にはそれが〇・二％まで下落した。小麦が〇・三％から〇・一％に、モロコシ類が〇・三％から〇・一％に、ヒエ類が〇・三％から〇・一％に下落している。トウモロコシが事務員の月給に占める割合は一九六〇年の〇・二％から二〇一〇年には〇・一％に下落している。

農家、漁師、猟師、木こりなどにとっても、コストの低下は明白だ。このカテゴリーの職業で見ると、コメが月給に占める割合は一九六〇年には二・四％だったが、二〇一〇年には〇・三％となっている。小麦は一・八％から〇・二％に、モロコシ類が一・五％から〇・一％に、ヒエ類が一・六％から〇・二％に下落し、トウモロコシは一九六〇年には月給の一・二％だったものが二〇一〇年には〇・二％となっている。

食料品以外の品目に目を向けると、一九六〇年、教師が自動車を買うためには月給の八八カ月分、または七年分が必要だったが、二〇一〇年には三三カ月分または二年半分にまで減少している。一九六〇年、デスクトップ型コンピューターは月給の四四四一倍、つまり三七〇年分していたのだが、二〇一〇年にはたった月給の二カ月分にまで低下している。

一九六〇年の事務員は自動車を買うためには八〇カ月分の月給が必要だったが、二〇一〇年には四七カ月分にまで減少している。コンピューターの価格は一九六〇年には事務員

表８　インドでの商品価格の変化率（インド都市部全体）

価格変化	価格変化（%）									全商品の単位当たり平均変化率（自動車、コンピューター除く）	全商品の単位当たり平均変化率（自動車、コンピューター含む）
	コメ（１キロ）	小麦（１キロ）	モロコシ類（１キロ）	ヒエ類（１キロ）	トウモロコシ（１キロ）	その他穀物（１キロ）	穀物合計（１キロ）	自動車完成品（１台）	デスクトップ型コンピューター（１台）		
1960年の価格	0.63	0.48	0.41	0.43	0.33	NA	0.54	12,000.0	600,000.0	0.5	76,500.4
2010年の価格	19.38	15.20	13.42	11.81	12.38	14.44	17.19	498,000.0	30,000.0	14.8	58,678.2
単位価格変化率（%）	2952.0%	3063.5%	3142.0%	2654.6%	3596.9%	NA	3077.9%	4050.0%	-95.0%	3040.2%	-23.3%
CAGR（1960～2010年）	7.2%	7.3%	7.4%	7.0%	7.6%	NA	7.3%	7.01%	-7.0%	7.1%	-0.5%

注１＝単位はルピー

注２＝自動車およびコンピューターのCAGRはそれぞれ1958～2013年、1969～2010年で算出

注３＝プリント基板の容量が増大したことで、コンピューターの性能は何倍にもなり、デスクトップ型コンピューターの価格は1960年から2010年にかけて劇的に低下。1960～2010年の下落率をCAGRに直すと－7.0%になる。それゆえ、商品の平均価格の変化率を算出するにあたっては、自動車およびコンピューターを除外したものと、含めたものをそれぞれ算出した

出所＝インド統計・事業実施省、インド労働局[80]

表9　インドでの業界別の15～59歳の賃金労働者の平均月収の変化率

月収（インド都市部全体）	月収の変化率%								
	教員	事務員	農家・漁師・猟師・木こり	営業マン・販売員	専門職・技術者	自営・保安職	鉱夫・石切り・石油採掘	食品・飲料製造	全職業の平均月収の変化率%
1960 年の月収	135.1	150.9	27.0	77.0	180.1	47.9	56.4	74.0	103.0
2010 年の月収	14,979.4	10,586.2	7,213.2	4,911.4	16,857.9	6,937.8	NA	NA	10,247.6
月収の変化率%	10987.9%	6915.2%	26622.1%	6281.5%	9260.3%	14371.9%	NA	NA	9849.2%
CAGR（1960～2010 年）	10.1%	9.1%	12.1%	8.9%	9.7%	10.7%	NA	NA	9.6%

出所＝インド統計・事業実施省、インド労働局[80]

の給与の四〇〇〇倍だったが、二〇一〇年にはたった三倍にまで低下している。

一九六〇年、農家や漁師などが車を買うためには月給の四四四倍が必要だったが、二〇一〇年には六九倍となっている。一九六〇年にデスクトップ型コンピューターを買うには月給の二万二二二七倍、一八五二年分が必要だったが、二〇一〇年にはたった四倍、半年分にも満たない。

インドでは、統計・事業実施省やインド労働局などを通じて一九六〇年から二〇一〇年の賃金および物価のヒストリカルデータを入手することができた。その数字を見ると、当該期間における自動車やコンピューターを含むすべての製品価格の平均変化率はマイナス二三・三％ほどになることが分かる。平均賃金については、教員や事務員、農家、漁師、猟師、木こり、営業マン、販売員、専門職、技術者、自営、保安職などの情報を入手することができた。一九六〇年から二〇一〇年における、すべての職業の平均収入は九八四九％増大しており、さまざまな製品の価格変化率を大幅に上回るものであった。一九六〇年から二〇一〇年までの職業別の平均収入を見ると、二〇一〇年に最も収入が多かった職業は、専門職、技術者などで月一万六八五八ルピーとなった。収入の増加が最も大きかったのが農業、漁師、猟師、木こりで、彼らの平均収入は二〇一〇年にはおよそ七二一三ルピーとなったが、一九六〇年から二〇一〇年までの収入の増加を複利に直すと一二％となり、次に増加率の高かった職業は自営と保安職でおよそ一一％となった。

インドで利用量が増えたことで価格がどのように低下したかを示す好例はデスクトップ型コンピューターの価格である。一九六〇年代、一二ビット、三二Ｋのメモリーを積んだコンピューターは六〇万ルピーしたが、二〇一〇年には六四ビット、八ＧＢとはるかに性能の良いコンピューターがたった三万ルピーである。一九六四年、一〇八九ＣＣのエンジンを積み、最大四〇馬力の出力をもった自動車プレミア・パドミニは二万三〇〇〇ルピーであった。二〇一〇年になると、一一七二ＣＣのエンジンと最大五二馬力をほこる同じメーカーの車がたった二万ルピーで手に入ったのだ。

中国のデフレ

中国の賃金および物価については情報が手に入った一九九五年から二〇一二年までのデータに目を向ける。これらの情報は、中国国家統計局とデータベースのＷＩＮＤから入手することができた。情報が入手できた品目は、穀物、野菜、肉、鶏卵、魚介類、砂糖、酒類、ミルク、乳製品である。当該期間における物価の上昇率は卵が一番低く五八％、酒類が一番高く四四三％となった。酒類の価格が上昇した要因は、おそらく中国人の収入が上昇したことにあり、人々はより洗練された、より高価な商品に高い価格を支払うことをいとわなくなったのであろう。貴州茅台酒などの象徴的なお酒に目を向けると、その価格は急騰している。これは、毛沢東とニクソンが乾杯に使ったように、北京の指導者たちが晩餐会で利用する有名なお酒に人気が集まったことが背景にあると思われる。全体としては、全品目の平均価格上昇率は一九九五年から二〇一二年の期間で一一四％となった。

一般的な労働者が手にする月収については、公務員、農業、漁師、猟師、木こり、教員、営業マン、販売員、科学技術者、家事手伝い、鉱夫、石切り、石油採掘、工場労働者など八つの分野における一九九五年から二〇一二年のデータを手に入れることができた。家事手伝いの賃金上昇率が最も低く、四八七％であった一方で、上昇率が最も大きかったのが九九一％となった営業マン、販売員である。すべての分野の平均変化率は七六一％となり、製品価格の変化率の六倍以上であった。製品価格の上昇率を年複利になおすと四・六％であり、平均月給のＣＡＧＲは一三・五％となった（**表11**参照）。

表10　中国での商品価格の変化率

価格変化	価格変化（%）								全食品の単位当たり平均変化率
	穀物	野菜	肉	鶏卵	魚介類	砂糖	酒類	ミルク・乳製品	
1995 年の価格（人民元）	2.69	1.64	21.15	7.15	13.11	14.15	7.89	6.83	9.33
2012 年の価格（人民元）	5.82	4.47	37.30	11.31	26.92	NA	42.82	10.97	19.94
単位価格変化率（%）	116.8%	173.2%	76.3%	58.3%	105.3%	NA	443.0%	60.5%	113.9%
CAGR（1995 ～ 2012 年）	4.7%	6.1%	3.4%	2.7%	4.3%	na	10.5%	2.8%	4.6%

出所＝中国国家統計局、WIND[81]

表11　中国での業界別の一般従業員の平均月収の変化率

月収の変化率	月収の変化率（%）								全職業の平均月収の変化率%
	公務員	農業・漁師・猟師・木こり	教員	営業マン・販売員	科学技術者	家事手伝い	鉱夫・石切り・石油採掘	工場労働者	
1995年の月収（人民元）	460.5	293.5	452.9	354.0	570.5	498.5	479.8	430.8	442.6
2012年の月収（人民元）	3,839.5	1,890.6	3,977.8	3,861.7	5,771.2	2,927.9	4,745.5	3,470.8	3,810.6
月収の変化率%	733.8%	544.2%	778.3%	990.9%	911.6%	487.3%	889.2%	705.8%	761.1%
CAGR（1995～2017年）	13.3%	11.6%	13.6%	15.1%	14.6%	11.0%	14.4%	13.1%	13.5%

出所＝中国国家統計局、WIND[81]

第10章 結論

長年にわたり人類は財やサービスの価格変化を測定しようと試みているが、その結果は物足りないものである。インフレを正確に計測する方法についていえば、その複雑さと環境の著しい変化ゆえに、統計学者や経済学者たちは困惑しきりなのだ。それにもかかわらず、統計は作成され、さらに重要なことに、それらの数値が何百万もの人々に影響を及ぼす重要な政策決定に用いられているのだ。

世界中の政府や指導者たちが何百万もの人々の生活に影響を与える重要な判断を下すためにインフレ指標を利用している。だが、ＣＰＩ（消費者物価指数）などのインフレ指標は大きな問題を抱えたものであり、それゆえ信頼に足る方法で価格変化を正確に反映することはない。物価指数に用いられる通貨は、政府が国民からの信頼を失うことになる通貨の切り下げを行っている結果として、継続的にその価値を失っている。指数それ自体も、統計学者たちが消費動向の変化を反映せんとするがために、その構成品目が変わり続けている。もちろん、これはある時期の指数と別の時期の指数では、構成する商品やサービス、ウエートが異なるということであり、いわばリンゴとオレンジを比較しているようなものなのだ。さらに重要なのが、物価が上昇しても、それ以上のスピードで人々の収入が増加しているので、インフレ統計では物価の上昇が人々の生活水準に与える実際の影響をとらえられないということだ。正味の効果を見れば、われわれはインフレではなくデフレを経験しているのだ。

数多くの進歩が逃れようのないデフレトレンドに大きな影響を与えている。技術的なイノベーションは、ロボットから遺伝子治療に至るまでわれわれの生活のあらゆる面に影響を与えている。情報フローの改善によって、われわれは人類史上、類を見ないスピードと量の情報を受け取り、処理しており、人工知能の誕生で、製造業ばかりか食糧生産や流通も変化を遂げてきている。毎年一〇億台以上のスマートフォンが販売され、世界で最も人里離れた奥地でさえ当たり前に存在するようになった。これらスマートフォンの処理能力は二〇年前に開発された最大のコンピューターをはるかに上回るものである。生産性の向上の結果、社会が被る恩恵は指数関数的に増大しているのだから、人類はいまムーアの法則を体験しているのだと言えるのかもしれない。

政府が継続的に自国通貨の減価を行っている国では、インフレの数値は上昇を続け、ハイパーインフレに陥っているケースもある。多少のインフレ、つまり二％ほどのインフレは理論上、経済成長の増大につながるので良いことだが、過大なインフレは日々の生活に影響を与え、政治的混乱につながりかねないので悪いことだ、というのが経済の世界ではコンセンサスとなっている。今日に至るまで多くの者たちがこの理論を支持してきたのだ。

だが、インフレの数値だけが上昇しているのではないということが見落とされている。賃金や収入も同じく上昇しているのだ。さらに、技術革新によって、広範囲にわたる製品やサービスの価格が下落している。その結果、デフレとなっているのだ。収入と比較すると、製品やサービス価格は上昇しておらず、むしろ下落しているのだ。それゆえ、インフレの数値がどうなろうが、人々の暮らし向きは以前よりも良くなっている。そして、必要となる財やサービスのコストを収入が上回っているので、彼らの生活は改善を続けているのだ。

今日の労働者は、二〇年または五〇年前の労働者ほど長い時間働かなくても、新しい冷蔵庫やテレビを購入することができるし、今日彼らが手にする製品ははるかに進んだものとなっている。コモディティ通貨が用いられるような環境であれば、物価が下落し、デフレとなっていることが判然とするであろうが、通貨量が劇的に増大しているので、供給価格は上昇しているように見えたのだ。そのような環境では、部分準備銀行制度ゆえに通貨量をあるべき量にして物価を安定させようとするようなインセンティブは働かないので、物価水準の予想は難しくなるのだ。

ようこそ、素晴らしきデフレの世界へ！

com/news/articles/2002-12-15/q-and-a-carlos-ghosn-what-japan-needs-is-a-vision
72. World Economic Forum. (2015, February 4). Davos 2015 - Ending the Experiment [Video file]. Retrieved from https://www.youtube.com/watch?v=fIa8sN2lPUs
73. Dowd, M. (1987, June 28). Is Jack Kemp Mr. Right? The Times. Retrieved from https://www.nytimes.com/1987/06/28/magazine/is-jack-kemp-mr-right.html
74. Davies, G. (2008, November 13). We must start thinking like South American dictators. Retrieved from The Guardian: https://www.theguardian.com/commentisfree/2008/nov/13/economy-inflation-deflation-bank-england
75. Shedlock, M. (2009, November 2). Is Debt-Deflation Just Beginning? Retrieved from MISH'S Global Economic Trend Analysis: http://globaleconomicanalysis.blogspot.com/2009/11/is-debt-deflation-just-beginning.html
76. (n.d.). Retrieved from Kleiner Perkins: https://www.kleinerperkins.com/
77. (n.d.). Retrieved from Airbnb: https://www.airbnb.com/
78. (n.d.). Retrieved from Uber: https://www.uber.com/
79. (n.d.). Retrieved from U.S. Bureau of Labor Statistics: https://www.bls.gov/
80. (n.d.). Retrieved from Ministry of Statistics and Programme Implementation, Government of India: http://www.mospi.gov.in/
81. (n.d.). Retrieved from National Bureau of Statistics of China: http://www.stats.gov.cn/

57. Stockman, D. (2015, December 18). Sell The Bonds, Sell The Stocks, Sell The House -----Dread The Fed! Retrieved from David Stockman's Contra Corner: https://davidstockmanscontracorner.com/sell-the-bonds-sell-the-stocks-sell-the-house-dread-the-fed/
58. Brainard, L. (2018). Sustaining Full Employment and Inflation around Target. New York: Federal Reserve Board. Retrieved from https://www.federalreserve.gov/newsevents/speech/brainard20180531a.htm
59. Powell, J. H. (2018). Semiannual Monetary Policy Report to the Congress. Washington DC: Bank for International Settlements. Retrieved from https://www.bis.org/review/r180307e.pdf
60. Bevacqua, G. (2012, December). a life in statistics. (A. Carriquiry, Interviewer) Significance. Retrieved from https://rss.onlinelibrary.wiley.com/doi/pdf/10.1111/j.1740-9713.2012.00621.x
61. US media sets eyes on Argentina' s "manipulation of numbers" . (2009, August 18). Retrieved from MercoPress: https://en.mercopress.com/2009/08/18/us-media-sets-eyes-on-argentinas-manipulation-of-numbers
62. Is China faking its economic growth? (2012, February 16). Retrieved from CNNMoney: https://money.cnn.com/2012/02/16/news/economy/china_chanos/index.htm
63. Fukui, T. (2004, July 5). Opening Speech by Toshihiko Fukui, Governor of the Bank of Japan, at the 11th International Conference sponsored by the Institute for Monetary and Economic Studies. Japan: Bank of Japan. Retrieved from https://www.boj.or.jp/en/announcements/press/koen_2004/ko0407a.htm/
64. Hudson, M. (2016, April 6). The Slow Crash. Guns and Butter podcast. (B. Faulkner, Interviewer) Retrieved from http://gunsandbutter.org/transcript-the-slow-crash
65. Moelis, K. (2016, October 12). Wall Street's star dealmaker Ken Moelis on what's driving today's M&A, hiring millennials, and what he really meant to say about Donald Trump. (M. Turner, Interviewer) Business Insider. Retrieved from https://www.businessinsider.com/ken-moelis-bi-interview-2016-10
66. Grant, J. (2014, October 5). Jim Grant: We're in an Era of Central Bank Worship. (H. Bonner, Interviewer) ZeroHedge. Retrieved from https://www.zerohedge.com/news/2014-10-05/jim-grant-we%E2%80%99re-era-central-bank-worship
67. Shedlock, M. (2009, April 16). Deflation Has Gone Global. Retrieved from MISH'S Global Economic Trend Analysis: http://globaleconomicanalysis.blogspot.com/2009/04/deflation-has-gone-global.html
68. Rothbard, M. N. (1991, April). Deflation, Free or Compulsory. The Free Market, 9(4). Retrieved from https://mises.org/library/deflation-free-or-compulsory
69. Cresswell, P. (2014, November 21). Quotes of the day: On deflation. Retrieved from Not PC: http://pc.blogspot.com/2014/11/quotes-of-day-on-deflation.html
70. Reisman, G. (2003, August 18). The Anatomy of Deflation. Retrieved from Mises Institute: https://mises.org/library/anatomy-deflation
71. Ghosn, C. (2002, December 16). Q&A: Carlos Ghosn: What Japan Needs Is a Vision. Bloomberg Businessweek. Retrieved from https://www.bloomberg.

gross-how-investors-can-navigate-the-new-normal
43. Vickrey, W. (1986, September). Budget-smudget. Why balance what, how, and when? Atlantic Economic Journal, 14(3). Retrieved from https://doi.org/10.1007/BF02304618
44. Oberhelman, D. R. (2013, May 17). Caterpillar's Doug Oberhelman: Manufacturing's Mouthpiece. (M. Kimes, Interviewer) Bloomberg Businessweek. Retrieved from https://www.bloomberg.com/news/articles/2013-05-16/caterpillars-doug-oberhelman-manufacturings-mouthpiece
45. Wriston, W. B. (1986). Risk and Other Four-Letter Words. New York: Harper & Row.
46. Mises, L. v. (1974). Planning for Freedom and Twelve Other Essays and Addresses. Libertarian Press. Retrieved from https://mises-media.s3.amazonaws.com/Planning%20for%20Freedom%20and%20Twelve%20other%20Essays%20and%20Addresses_2.pdf
47. Grassley, C. (2009, August 25). Senator warns of hyperinflation rivaling the 1980s. (M. O'Brien, Interviewer) The Hill. Retrieved from https://thehill.com/blogs/blog-briefing-room/news/lawmaker-news/56137-senator-warns-of-hyperinflation-rivaling-the-1980s
48. Sowell, T. (2012, December 10). Sometimes Government's Biggest Tax Bite Is Out Of Poor. Retrieved from Investor's Business Daily: https://www.investors.com/politics/commentary/governments-steal-through-inflation/
49. Geithner, T. (2009, March 29). This Week with George Stephanopoulos. (G. Stephanopoulos, Interviewer)
50. Kotlikoff, L. (2006). Is the United States Bankrupt? Federal Reserve Bank of St. Louis Review, 235-49. Retrieved from https://files.stlouisfed.org/files/htdocs/publications/review/06/07/Kotlikoff.pdf
51. Hazlitt, H. (1960). What You Should Know About Inflation. New York: D. Van Nostrand Company, Inc. Retrieved from https://mises-media.s3.amazonaws.com/What%20You%20Should%20Know%20About%20Inflation_3.pdf
52. Rockwell, L. H. (2008, December 2). The Force is with Us. Retrieved from LewRockwell.com: https://www.lewrockwell.com/2008/12/lew-rockwell/the-force-is-with-us/
53. Schiff, P. (2013, August 20). The GDP Distractor. Retrieved from Business Insider: https://www.businessinsider.com/the-gdp-distractor-2014-2
54. Johnson, P. (2015). UK Consumer Price Statistics: A Review. UK Statistics Authority.
55. Kennedy, R. F. (1968). Remarks at the University of Kansas. JFK Library. Retrieved from https://www.jfklibrary.org/learn/about-jfk/the-kennedy-family/robert-f-kennedy/robert-f-kennedy-speeches/remarks-at-the-university-of-kansas-march-18-1968
56. Baker, D. (2014, September 26). That Two Percent Inflation Target and Silly Things Economists Say. Retrieved from Beat the Press, Center for Economic and Policy Research: http://cepr.net/blogs/beat-the-press/that-two-percent-inflation-target-and-silly-things-economists-say

monetarypolicyjourneytheorypractice2007en.pdf?955e0a69a7c01a3265ab8b19deb448f2
29. Kiyosaki, R. (2007, March 5). Rich Today, Poor Tomorrow. Retrieved from Rich Dad Company: https://www.richdad.com/resources/articles/rich-today-poor-tomorrow
30. Inflation. Retrieved from Investoquotia: http://investoquotia.com/amnesomrade/inflation/
31. Chang, H.-j. (2007). Bad Samaritans: The Myth of Free Trade and the Secret History of Capitalism. Bloomsbury Press. Retrieved from http://investoquotia.com/amnesomrade/inflation/
32. Powell, J. (2016, November 29). Recent Economic Developments and Longer-Run Challenges. Indianapolis, Indiana, United States of America. Retrieved from https://www.federalreserve.gov/newsevents/speech/files/powell20161129a.pdf
33. Yellen, J. (1995). Meeting of the Federal Open Market Committee. Washington, DC: The Federal Reserve System. Retrieved from https://www.federalreserve.gov/monetarypolicy/files/FOMC19950201meeting.pdf
34. Bernanke, B. (2009, November 2). Downside Danger. Retrieved from ForeignPolicy.com: https://foreignpolicy.com/2009/11/02/downside-danger
35. Bernanke, B. (2002, November 21). Deflation: Making Sure "It" Doesn't Happen Here. Washington, DC, United States of America: The Federal Reserve Board. Retrieved from https://www.federalreserve.gov/boarddocs/speeches/2002/20021121
36. Friedman, M. (1970). The Counter-Revolution in Monetary Theory. London: Institute of Economic Affairs. Retrieved from https://miltonfriedman.hoover.org/friedman_images/Collections/2016c21/IEA_1970.pdf
37. Kiyosaki, R. (2007, February 16). Throwing Good Money After Bad. Retrieved from Rich Dad Company: https://www.richdad.com/resources/articles/throwing-good-money-after-bad
38. Surowiecki, J. (2009, September 7). Inflated Fears. Retrieved from The New Yorker: https://www.newyorker.com/magazine/2009/09/14/inflated-fears
39. Powell, J. (2011, November 29). Rich Nations that Went Broke by Spending Too Much. Retrieved from Forbes: https://www.forbes.com/sites/jimpowell/2011/11/29/rich-nations-that-went-broke-by-spending-too-much/
40. Surowiecki, J. (2009, June 8). Change We Can't Believe In. Retrieved from The New Yorker: https://www.newyorker.com/magazine/2009/06/08/change-we-cant-believe-in
41. Bhattacharya, A. (2017, June 15). Indian banks' exposure to telecom 'not that huge': Arundhati Bhattacharya, SBI . (E. Now, Interviewer) Economic Times. Retrieved from https://economictimes.indiatimes.com/markets/expert-view/indian-banks-exposure-to-telecom-not-that-huge-arundhati-bhattacharya-chairman-sbi/articleshow/59138650.cms
42. Gross, B. (2012, November 19). Wisdom from the Bond King. (M. Morella, Interviewer) U.S. News & World Report. Retrieved from https://money.usnews.com/money/personal-finance/mutual-funds/articles/2012/11/19/bill-

16. Deming, W. E. (1980, September 8). 'Made in Japan' Is No Joke Now, Thanks to Edwards Deming: His New Problem Is 'Made in U.S.A.'. (C. Crawford-Mason, Interviewer) People.com. Retrieved from https://people.com/archive/made-in-japan-is-no-joke-now-thanks-to-edwards-deming-his-new-problem-is-made-in-u-s-a-vol-14-no-10/
17. Yellen, J. (2014, July 2). Monetary Policy and Financial Stability. Washington, DC, United States of America. Retrieved from https://www.federalreserve.gov/newsevents/speech/yellen20140702a.htm
18. Bowles, C. (1946, February 18). Congressional committee. United States of America.
19. Rajan, R. (2014, August 5). India Central Bank. Retrieved from http://time.com/3099587/india-central-bank-raghuram-rajan-global-finance-world-economy/
20. Friedman, M., & Friedman, R. (1980). Free to Choose: A Personal Statement. New York: Harcourt Brace Jovanovich, Inc. Retrieved from http://www.proglocode.unam.mx/sites/proglocode.unam.mx/files/docencia/Milton%20y%20Rose%20Friedman%20-%20Free%20to%20Choose.pdf（『選択の自由――自立社会への挑戦』日本経済新聞社）
21. Mises, L. v. (1944). Omnipotent Government: The Rise of the Total State and Total War. Yale University Press. Retrieved from https://mises.org/sites/default/files/Omnipotent Government The Rise of the Total State and Total War_3.pdf
22. Mises, L. v. (1990). Economic Freedom and Interventionism: An Anthology of Articles and Essays. Retrieved from https://mises.org/library/economic-freedom-and-interventionism/html/p/123
23. Beta, T. (2011). Master of Stupidity.
24. Hazlitt, H. (1946). Economics in One Lesson.. Harper & Brothers. Retrieved from https://www.liberalstudies.ca/wp-content/uploads/2014/11/Economics-in-One-Lesson_2.pdf（『世界一シンプルな経済学』日経BP社）
25. Brady, K. (2013, June 4). OP-ED: Fix growth gap, create prosperity. Retrieved from United States Congress Joint Economic Committee: https://www.jec.senate.gov/public/index.cfm/republicans/2013/6/fix-growth-gap-create-prosperity
26. Premji, A. (2011, October 21). Charlie Rose Talks to Wipro's Azim Premji. (C. Rose, Interviewer) Bloomberg Businessweek. Retrieved from https://www.bloomberg.com/news/articles/2011-10-20/charlie-rose-talks-to-wipro-s-azim-premji
27. Samuelson, P. (1958). What is the most important economic problem to be faced by the United States in the next twenty years? Committee for Economic Development. Retrieved from https://www.nobelprize.org/prizes/economic-sciences/1970/samuelson/biographical/
28. Feldstein, M. (2006). Panel Discussion: Central Banking: Is Science Replacing Art? Monetary policy: a journey from theory to practice - an ECB colloquium held in honour of Otmar Issing. Frankfurt am Main: European Central Bank. Retrieved from https://www.ecb.europa.eu/pub/pdf/other/

注釈

1. (2012). United Nations General Assembly, 67th Session, 7th Plenary Meeting. New York: United Nations. Retrieved from https://undocs.org/en/A/67/PV.7
2. Hayek, F. A. (1976). The Denationalization of Money. London: The Institute of Economic Affairs.（『貨幣発行自由化論』［東洋経済新報社］）
3. September/October 1978 Campaign Speech Draft. (n.d.). Retrieved from Ronald Reagan Presidential Library Digital Library Collections: https://www.reaganlibrary.gov/sites/default/files/digitallibrary/1980campaign/box-024/40-656-7386263-024-001-2017.pdf
4. House of Commons Hansard Debates. (1991, May 16). Retrieved from www.parliament.uk: https://publications.parliament.uk/pa/cm199091/cmhansrd/1991-05-16/Orals-1.html
5. Polo, M., & da Pisa, R. (1300). The Travels.（『東方見聞録』）
6. FOMC statement. (2008, September 16). Retrieved from Federal Reserve Board: https://www.federalreserve.gov/newsevents/pressreleases/monetary20080916a.htm
7. Summer, S. (2015). "In retrospect, that decision was certainly a mistake". The Library of Economics and Liberty. Retrieved from https://www.econlib.org/archives/2015/10/in_retrospect_t.html
8. Morrison, R. (2013, July 31). Remembering Milton Friedman. Retrieved from https://taxfoundation.org/remembering-milton-friedman/
9. Keynes, J. M. (1920). The Economic Consequences of the Peace. London: Macmillan and Co., Limited. Retrieved from https://archive.org/stream/economicconseque00keynuoft?ref=ol#page/220/mode/2up/search/By+a+continuing+process+of+inflation（『平和の経済的帰結』）
10. Sowell, T. (2012, December 4). Fiscal Cliff Notes. Retrieved from Creators: https://www.creators.com/read/thomas-sowell/12/12/fiscal-cliff-notes
11. Rand, A. (1962, May). Who Will Protect Us from Our Protectors? The Objectivist Newsletter.
12. Hemingway, E. (1935, September). Notes on the Next War: A Serious Topical Letter. Esquire Magazine, IV(iii). Retrieved from http://archive.esquire.com/article/1935/9/1/notes-on-the-next-war（『来るべき戦争についての覚書』）
13. Hoover, H. (1935, October 5). Spending, Deficits, Debts, and Their Consequences. Oakland, California, United States of America. Retrieved from https://hoover.archives.gov/sites/default/files/research/ebooks/b3v1_full.pdf
14. Indrawati, S. M. (2011, April 28). Ex-protest leader Mulyani shakes up World Bank. (A. Brummer, Interviewer) ThisisMoney.co.uk. Retrieved from https://www.thisismoney.co.uk/money/news/article-1721523/Ex-protest-leader-Mulyani-shakes-up-World-Bank.html
15. Callaghan, J. (1976, September 28). Labour Party Annual Conference. Blackpool. Retrieved from http://www.britishpoliticalspeech.org/speech-archive.htm?speech=174

■著者紹介

マーク・モビアス（Mark Mobius）

1936年ニューヨーク生まれ。ボストン大学で修士号、マサチューセッツ工科大学で経済学と政治学の博士号を修得。香港を拠点にコンサルタントやアナリストとして活躍したのち、1987年よりテンプルトン・エマージング・マーケット・ファンドのファンドマネジャーに就任。新興市場投資の第一人者として屈指の運用成績を誇り、新興市場ファンドの運用成績は20年で３万6000％を超えた。現在はモビアス・キャピタル・パートナーズの代表。著書・DVDに『マンガ マーク・モビアス』『DVD 希望と崩壊――黄金の国へのパスポート』（いずれもパンローリング）、『国際投資へのパスポート――モビアスの84のルール』（日本経済新聞社）、『エマージングマーケットとは何か』（ダイヤモンド社）などがある。

■監修者紹介

長岡半太郎（ながおか・はんたろう）

放送大学教養学部卒。放送大学大学院文化科学研究科（情報学）修了・修士（学術）。日米の銀行、CTA、ヘッジファンドなどを経て、現在は中堅運用会社勤務。全国通訳案内士、認定心理士。『先物市場の高勝率トレード』『アセットアロケーションの最適化』『「恐怖で買って、強欲で売る」短期売買法』『トレンドフォロー戦略の理論と実践』『フルタイムトレーダー完全マニュアル【第３版】』『T・ロウ・プライス――人、会社、投資哲学』『「株で200万ドル儲けたボックス理論」の原理原則』『アルゴトレードの入門から実践へ』『M＆A　買収者の見解、経営者の異論』『指数先物の高勝率短期売買』『アルファフォーミュラ』のほか、訳書、監修書多数。

■訳者紹介

藤原玄（ふじわら・げん）

1977年生まれ。慶應義塾大学経済学部卒業。情報提供会社、米国の投資顧問会社在日連絡員を経て、現在、独立系投資会社に勤務。業務のかたわら、投資をはじめとするさまざまな分野の翻訳を手掛けている。訳書に『なぜ利益を上げている企業への投資が失敗するのか』『株デビューする前に知っておくべき「魔法の公式」』『ブラックスワン回避法』『ハーバード流ケースメソッドで学ぶバリュー投資』『堕天使バンカー』『ブラックエッジ』『インデックス投資は勝者のゲーム』『企業に何十億ドルものバリュエーションが付く理由』『ディープバリュー投資入門』『ファクター投資入門』『実践　ディープバリュー投資』『M＆A　買収者の見解、経営者の異論』（パンローリング）などがある。

2020年5月4日　初版第1刷発行

ウィザードブックシリーズ(295)

素晴らしきデフレの世界
――インフレの正体とゼロ金利がもたらす新しい社会

著　者　マーク・モビアス
監修者　長岡半太郎
訳　者　藤原玄
発行者　後藤康徳
発行所　パンローリング株式会社
〒160-0023　東京都新宿区西新宿7-9-18　6階
TEL 03-5386-7391　FAX 03-5386-7393
http://www.panrolling.com/
E-mail　info@panrolling.com
編　集　エフ・ジー・アイ（Factory of Gnomic Three Monkeys Investment）合資会社
装　丁　パンローリング装丁室
組　版　パンローリング制作室
印刷・製本　株式会社シナノ

ISBN978-4-7759-7264-9